Bases de CONFEITARIA

ADMINISTRAÇÃO REGIONAL DO SENAC NO ESTADO DE SÃO PAULO
Presidente do Conselho Regional: Abram Szajman
Diretor do Departamento Regional: Luiz Francisco de A. Salgado
Superintendente Universitário e de Desenvolvimento: Luiz Carlos Dourado

Editora Senac São Paulo
Conselho Editorial
Luiz Francisco de A. Salgado
Luiz Carlos Dourado
Darcio Sayad Maia
Lucila Mara Sbrana Sciotti
Luís Américo Tousi Botelho

Gerente/Publisher
Luís Américo Tousi Botelho

Coordenação Editorial
Verônica Marques Pirani

Prospecção
Andreza Fernandes dos Passos de Paula
Dolores Crisci Manzano
Paloma Marques Santos

Administrativo
Marina P. Alves

Comercial
Aldair Novais Pereira

Comunicação e Eventos
Tania Mayumi Doyama Natal

Edição de Texto
Amanda Andrade

Coordenação de Revisão de Texto
Marcelo Nardeli

Revisão de Texto
Fernanda Corrêa

Capa, Projeto Gráfico e Editoração Eletrônica
Antonio Carlos De Angelis

Fotografias
Luna Garcia – Estúdio Gastronômico
Adobe Stock (pp. 12, 25, 27-33, 37, 57-59, 71, 75, 78, 85, 93, 97, 101-103, 107-109, 111, 114, 123-125, 131, 136)

Impressão e Acabamento
Leograf

Proibida a reprodução sem autorização expressa.
Todos os direitos desta edição reservados à
Editora Senac São Paulo
Av. Engenheiro Eusébio Stevaux, 823 – Prédio Editora
Jurubatuba – CEP 04696-000 – São Paulo – SP
Tel. (11) 2187-4450
editora@sp.senac.br
https://www.editorasenacsp.com.br

© Editora Senac São Paulo, 2025

Dados Internacionais de Catalogação na Publicação (CIP)
(Claudia Santos Costa – CRB 8ª/9050)

Marine, Michelle
Bases de confeitaria / Michelle Marine. – São Paulo : Editora Senac São Paulo, 2025.

Bibliografia.
ISBN 978-85-396-5328-7 (impresso/2025)
e-ISBN 978-85-396-5329-4 (ePub/2025)
e-ISBN 978-85-396-5330-0 (PDF/2025)

1. Confeitaria (Culinária). 2. Confeitaria (Receitas e preparo). I. Título.

25-2365c
CDD – 641.86
BISAC CKB095000
CKB024000

Índice para catálogo sistemático:
1. Confeitaria (Receitas e preparo) : Gastronomia : 641.86
2. Confeitaria (Culinária) : Sobremesas 641.86

Michelle Marine

Bases de CONFEITARIA

Fotografias: Luna Garcia

Editora Senac São Paulo – São Paulo – 2025

Sumário

Apresentação 7

Breve história da confeitaria 9
   O mundo da confeitaria 9
   O impacto da cana-de-açúcar
   na confeitaria 11

Utensílios e equipamentos
utilizados para a confeitaria 15
   Equipamentos 16
   Utensílios 17

Higiene e manipulação
dos alimentos 21

Ingredientes 25
   Ovos 25
   Açúcares 26
   Chocolates em pó 28
   Farinha de trigo 29
   Leite/líquidos 30
   Gorduras 31
      Manteiga 32
      Margarina 32
      Gordura vegetal 32
      Óleo e azeite 32
   Frutas naturais 33

Ingredientes industrializados 34
   Corantes alimentícios 34
   Antimofo para fins alimentícios 35
   CMC – carboximetilcelulose 35
   Cremor tártaro 35
   Ácido cítrico 35
   Gelatina 36
   Ágar-ágar 37
   Isomalt 37

Métodos de saborização 39
   Método por infusão 39
   Método por adição 39

Fichas técnicas 41
   Desenvolvimento 41
   Aplicabilidade 42
   Cálculos da ficha técnica 42
   Modelo 43
   Cálculo de proporção 44

Massas 50

Massas espumosas 51
   Pão de ló 52
   Pão de ló estabilizado 54
   Chiffon 56

Massa cremosa 58
   Pontos importantes sobre
   a massa amanteigada 59
   Massa amanteigada 60
   Massa método reverso 62

Red velvet 64
  Red velvet original 66
  Red velvet com corante 68
  Cream cheese frosting 70

Bolo de cenoura 72

Massas quebradiças 74
  Massa brisée 76
  Massa sablée 76
  Massa sucrée 76
  Métodos de preparo: crémage 78
  Métodos de preparo: sablage 79
  Cookies 80
  Gingerbread cookies 82
  Massa quebradiça fria 84

Pâte à choux 87
  Craquelin 89

Merengue 90
  Merengue francês 92
  Merengue suíço 92
  Merengue italiano 93

Marshmallow 94

Mousses 96
  Mousse de chocolate 98
  Mousse de frutas 99

Caldas 100
  Calda de açúcar 101

Praliné 102

Cremes cozidos 104
  Brigadeiro 106
  Creme de confeiteiro e
  suas variações 110
  Creme de caramelo salgado 112
  Creme belga 113
  Lemon curd 114
  Baba de moça 115

Creme de manteiga 116
  Creme de manteiga suíço 118
  Creme de manteiga italiano 129

Ganache 120
  Ganache de chocolate branco 122
  Ganache de chocolate ao leite 122
  Ganache de chocolate amargo 123

Pasta de oleaginosas 124

Cremes assados 126
  Pudim 126
  Crème brûlée 130

Brownie 132

Cremes frios 134
  Creme chantilly 134
  Crème Fouettée 135

Extrato de baunilha 136

Arrematando as ideias 139
Referências 141

Apresentação

Quando citamos a confeitaria, é necessário compreender suas bases. A origem da receita ou técnica de preparo diz muito sobre possíveis adaptações enquanto trabalhamos com os ingredientes. Entender e estudar a base das receitas é fundamental para desenvolver posteriormente a criatividade e elaborar novos sabores e texturas, entendendo a estrutura e as possíveis adaptações.

Compreender a importância da padronização na confeitaria garante um resultado constante nos preparos. Para isso, saber a semelhança entre um ralador comum e o zester faz toda a diferença.

Utilizar uma balança de precisão também é essencial em diversos preparos, pois um grama a mais pode fazer diferença, e um grama a menos pode fazer muita falta no resultado da preparação.

E é para isso que este livro está em suas mãos: auxiliar na compreensão de receitas, origens, fichas técnicas, cálculo de proporção dos bolos e ainda ajudar a desenvolver a criatividade. O livro de bases de confeitaria garante todo esse conhecimento de uma forma doce. Assim, a confeitaria segue instigando diariamente os confeiteiros a entregar novos sabores e texturas.

Breve história da confeitaria

Você sabia que a palavra "confeitaria" vem do latim confectun, *que significa aquilo que é confeccionado com especialidade? Conhecer a história da confeitaria garante um grande estímulo criativo para grandes releituras de bolos, doces e diversas sobremesas.*

O mundo da confeitaria

A história da confeitaria se inicia há quase 2000 anos, quando as pessoas utilizavam mel e frutas secas para adoçar os alimentos. A evolução da arte de fazer doces vem de uma forte influência de diferentes culturas culinárias.

O primeiro registro de um doce na história data do século I, na Sicília, região da Itália. O doce era similar aos cannoli conhecidos atualmente. Na época, as receitas eram adoçadas com mel, o único insumo utilizado para adoçar os preparos na época e até 900 d.C.

No século XIV, durante as expedições marítimas ao Oriente, a confeitaria começou a evoluir. Os europeus passaram a ter conhecimento das especiarias e do açúcar, que então era um ingrediente extremamente nobre. Somente a nobreza teria acesso aos ingredientes importados, limitando, assim, os confeiteiros da época a trabalhar apenas para essa classe. A confeitaria era sinônimo de riqueza e poder.

No século XV, na França, os chefs confeiteiros começaram a categorizar a padaria e diferenciá-la da confeitaria, iniciando um desenvolvimento mais intenso nas criações e nos preparos da confeitaria com forte influência italiana.

Já no início do século XVI, Catarina Maria Romola di Médici, mais conhecida apenas como Catarina de Médici (natural de Florença, Itália), casou-se com Henrique II, filho de Francisco I, rei da França. A cerimônia em Marselha contou com um bolo de vários andares, todo decorado. Os nobres franceses nunca haviam visto nada igual.

Após a morte do pai, Henrique II tornou-se rei da França, e Catarina, por consequência, a rainha consorte. Assim, Catarina trouxe seus cozinheiros e confeiteiros da Itália, além de novos ingredientes (alcachofras, trufas e cogumelos). Ela foi a responsável pela introdução do hábito de consumir caldos na entrada das refeições. Além disso, fez adaptações em pratos tradicionais, como o marreco com laranja, que se tornou o pato com laranja, e agregou o açúcar nos preparos das sobremesas, desenvolvendo diversos preparos iniciais que se tornaram populares hoje, como macarons e profiteroles.

Entre os séculos XVI e XVII, os confeiteiros que serviam à corte resolveram abrir as próprias confeitarias, sobretudo após a Revolução Francesa. Algumas estão abertas até hoje, como a Stohrer, em Paris, que permanece em funcionamento desde 1730.

O italiano Giovan Battista Cabona, no século XVIII, criou o bolo genovês (uma variação do pão de ló). A partir de então, a confeitaria iniciou a criação de bolos leves e fofos, extremamente diferentes do que se encontrava até então, em que as massas eram mais parecidas com um pão de origem do Antigo Egito.

Durante o século XVIII, o químico alemão Andreas Marggraf descobriu que poderia extrair o açúcar da cana e da beterraba, e que o território europeu era ótimo para essa produção; contudo, foram necessários 50 anos para desenvolver o processo que retirava o açúcar da beterraba.

A Inglaterra, no início do século XIX, bloqueou as rotas comerciais na França. Para abaixar o custo do açúcar, foi criada a primeira usina de extração de açúcar em 1811. No mesmo ano, dois cientistas franceses conseguiram apresentar o açúcar extraído da beterraba para Napoleão.

Por consequência dessa inovação do mercado, em 1815 já havia 79 mil acres de produção de beterraba e 300 fábricas instaladas no país. A produção em massa de açúcar, que antes era um ingrediente caro e raro, tornou alguns preparos da confeitaria mais acessíveis ao público em geral, popularizando diversos doces, bolos, sobremesas e sorvetes.

Ainda no século XIX, com o surgimento da cultura da fornalha, a confeitaria dava mais um passo em direção a como a conhecemos hoje. Os profissionais também passaram a dar grande atenção para a estética dos doces e o sabor, ensejando o surgimento de cafeterias e confeitarias com novos preparos, como massas quebradiças, massas folhadas, petit fours, entre outros, servidos na hora do café, chá ou chocolate quente.

No início do século XIX, no auge de sua carreira, um chef de confeitaria chamado Marie-Antoine Carême (que era conhecido como o chef dos reis e o rei dos chefs) estudou sobre arquitetura e buscou receitas que pudessem agregar suas habilidades nessa área. Ele desenvolveu técnicas para preparos que se tornaram populares, como os merengues, soufflés e o famoso mil-folhas, além de profissionalizar a gastronomia, a confeitaria e trazer alguns padrões de higiene para a área, como o uso dos uniformes brancos e do toque blanche, o famoso chapéu de chef de cozinha.

O impacto da cana-de-açúcar na confeitaria

Originária de Nova Guiné, a cana-de-açúcar passou pela Índia até chegar ao Ocidente com a ajuda dos árabes. Por gerar energia ao organismo, o açúcar era de uso inclusive medicinal, e os médicos forneciam açúcar em grãos para a recuperação de pacientes. No início do século XIV, há registros de que o açúcar custava em média R$ 200,00 o quilo (valor adaptado para os dias atuais) – era comum, inclusive, que as quantidades de açúcar fossem registradas em testamento por reis e rainhas.

Com o passar do tempo, e o processo de imigração ocorrendo com frequência, chegaram os colonizadores ao Brasil. Assim, em 1532, Martin Afonso de Souza foi responsável por trazer a primeira muda de cana-de-açúcar ao Brasil, especificamente para a capitania de São Vicente (litoral de São Paulo). A expansão dos engenhos de açúcar ocorreu no Nordeste, especificamente em Pernambuco e na Bahia.

A produção de açúcar no Brasil era tão grande que o país se tornou o maior produtor mundial. Portugal e Holanda, que até então comercializavam o produto, perderam espaço; enquanto isso, Salvador e Olinda no Brasil se tornaram cidades produtoras de açúcar rapidamente.

Na Europa, com a implantação das confeitarias, cafeterias e casas de chá europeias, a demanda do açúcar da cana ficou mais intensa e o continente se tornou um grande consumidor do produto.

Durante o Renascimento, uma nova fase histórica acontecia com a ascensão do comércio. A comercialização dos produtos era feita por vias marítimas, pois os senhores feudais cobravam altas taxas pelos comboios que passavam por suas terras, além de haver o risco de saques de mercadorias. Portugal (especificamente a Ilha da Madeira) era um dos pontos principais da rota, o que intensificou a produção e as pesquisas da cana-de-açúcar no local.

A necessidade de lenha para as refinarias europeias fez com que as matas fossem intensamente exploradas, contribuindo para o desmatamento e a degradação ambiental. Além disso, a produção de açúcar também foi responsável por uma grande tragédia da história mundial: o tráfico negreiro e a escravização. A necessidade de mão de obra escravizada para trabalhar nos canaviais e nas refinarias acarretou a escravização em massa de pessoas africanas, trazidas à força para o Brasil, causando sofrimento e morte para milhões de seres humanos por quase 400 anos.

Em 1914, quando se iniciou a Primeira Guerra Mundial, a indústria europeia de açúcar foi devastada. Por consequência, houve o aumento do preço do produto no mercado mundial, o que incentivou a construção de novas usinas no Brasil. Em São Paulo, os produtores de café se adaptaram para iniciar também o processo de produção do açúcar, diferentemente do que estavam habituados a desenvolver.

A partir de 1942, já na Segunda Guerra Mundial, com a variedade de insumos como açúcar e chocolate, ocorreu uma grande evolução na confeitaria e na padaria, possibilitando preços mais acessíveis e intensificando o lado criativo de novas receitas. As confeitarias também sofreram uma consistente diminuição na extravagância e tiveram que dar espaço para os alimentos necessários no dia a dia.

No Brasil, com a chegada dos confeiteiros vindos da França e da Áustria, outras influências foram destacadas para a criação da confeitaria brasileira que temos hoje. Com a mão de obra voltada para a confeitaria vinda da Itália, da Alemanha e de Portugal, os profissionais da época tiveram contato com novas tendências de preparo, desde processos para prorrogar a validade dos alimentos até sabores e texturas diferentes. Assim, foram criadas algumas receitas clássicas que são utilizadas até hoje nas regiões Norte e Nordeste do Brasil. A substituição da farinha de mandioca pela farinha de trigo, devido ao preço, é um bom exemplo de uma troca válida na confeitaria brasileira neste período.

A confeitaria segue instigando diariamente os confeiteiros a entregar novos sabores e texturas doces.

Utensílios e equipamentos utilizados para a confeitaria

Otimizar tempo e custo de preparo dentro da confeitaria é algo extremamente importante. Você já pensou no que fazer para diminuir o desperdício de tempo? Acha que utilizar os equipamentos e utensílios adequados pode favorecer no melhor desenvolvimento na operação prática? E você conhece bem esses utensílios? Pense em todas as vezes que viu um equipamento "desconhecido" na cozinha. Qual é a importância de saber o que e quando utilizar para fazer suas receitas? E quanto aos custos? Você acredita que utilizar os utensílios corretos também pode auxiliar nesse ponto?

A utilização correta dos utensílios e equipamentos é essencial para uma boa atuação na confeitaria. A seguir, elencamos alguns pontos importantes:

- **Eficiência:** auxilia a tornar o processo de preparação dos alimentos mais eficiente, ou seja, diminui tempo de preparo, custos e esforço físico.
- **Segurança:** a utilização dos equipamentos e utensílios de forma inadequada pode causar acidentes na cozinha, como cortes e queimaduras.
- **Qualidade:** os utensílios corretos auxiliam na padronização e garantem uma melhor qualidade do produto.

- **Sabor:** utilizar o equipamento correto, muitas vezes, favorece um sabor melhor ao alimento. Exemplo: assar um bolo em formas de silicone ou inox resulta em uma boa textura e impacta no sabor, diferenciando o produto.
- **Durabilidade:** investir em equipamentos e utensílios de qualidade garante economia diária e a longo prazo, além da praticidade. Exemplo: uma espátula de silicone com cabo inteiriço torna prática a higienização na hora de lavar. Já as espátulas de silicone com cabo diferente e que saem com facilidade demoram mais tempo ao lavar, sendo necessário utilizar mais água e sabão. Ou seja, o barato pode sair caro no final.

Portanto, é fundamental escolher os utensílios e equipamentos corretos para cada tarefa na confeitaria, evitando assim o desperdício dos insumos e contribuindo para o shelf life (tempo de prateleira/validade) do alimento, além de evitar possíveis acidentes na cozinha.

Equipamentos

- **Forno:** sua função é conservar calor em altas temperaturas e, consequentemente, cozer os alimentos.
- **Batedeira:** sua função é homogeneizar as massas. A força mecânica é mais intensa do que a manual, o que evita a formação de grumos.
- **Mixer:** sua função é emulsionar produções com a consistência líquida ou pastosa.
- **Processador:** sua função é relativa, dependendo da marca do equipamento e das lâminas utilizadas; pode ser usado para cortar, moer e até obter texturas pastosas.
- **Forno micro-ondas:** ao contrário de um forno convencional, o micro-ondas aquece os alimentos de dentro para fora, a partir das ondas de rádio de alta frequência, que agitam as moléculas de água e gordura, gerando calor. Assim, ele é mais eficiente nas funções de aquecer rapidamente e descongelar os alimentos.
- **Liquidificador:** sua função é emulsionar e homogeneizar alguns preparos.
- **Balança:** sua função é medir a quantidade dos insumos em quilograma, garantindo a padronização nos preparos.

Utensílios

- **Assadeiras e aros:** os refratários existem de diversos tipos e materiais, como alumínio, inox, silicone e vidro. Sua função é auxiliar na padronização dos preparos e facilitar o transporte ao forno ou serviço.
- **Bailarina:** é um suporte giratório para facilitar a decoração de bolos e tortas, auxiliando na ergonomia do confeiteiro ao decorar um bolo. Caso não tenha uma bailarina, utilize o prato e as rodinhas do micro-ondas.
- **Bicos de confeitar:** são acessórios para decorar bolos e cupcakes. Cada tipo de bico de confeitar tem um detalhe diferente, possibilitando diversas decorações.
- **Bowl:** é um utensílio essencial na cozinha. Auxilia na *mise en place*, separação, preparação e para acondicionar os alimentos.
- **Espátulas de confeitar reta e angular:** sua função é auxiliar na aplicação de coberturas e recheios em bolos e tortas. Deve-se manter um ângulo reto ao alisar o produto.
- **Espátulas de silicone:** são conhecidas popularmente como "pão duro". Sua função é retirar todos os preparos dos recipientes. Por ser de silicone, consegue raspar 100% do preparo, não restando nada no recipiente. É por essa característica do utensílio que ele é conhecido pela expressão pão duro.
- **Fouet:** o termo vem do francês e designa um batedor de arame ou silicone. Sua função é agregar ar nas preparações, dando o aspecto "aerado", como o globo da batedeira.
- **Termômetro:** na confeitaria, utilizamos os termômetros de espeto a laser e de sonda para caldas de açúcar. Sua função é aferir a temperatura dos alimentos, facilitando a padronização das texturas (como caldas, brigadeiro, bolo, etc.).
- **Mangas (ou sacos) de confeitar:** feitas à base de silicone (reutilizáveis) ou de plástico (descartáveis). São encontradas para produtos apenas frios ou para produtos quentes e frios, neste caso podendo ser levadas ao micro-ondas e até mesmo usadas para congelar alguns preparos. São utilizadas para aplicar recheios, coberturas e decorar bolos.
- **Peneira:** é utilizada para peneirar os produtos secos, auxiliando a

1. Assadeira e aros
2. Bailarina
3. Bicos de confeitar
4. Bowl
5. Espátulas de confeitar reta e angular
6. Espátulas de silicone
7. Fouet
8. Termômetro
9. Mangas (ou sacos) de confeitar
10. Peneira
11. Rolo de massa
12. Adaptador de bico para confeitar
13. Maçarico
14. Pincel
15. Microplane ralador
16. Zester

homogeneizar os ingredientes de forma mais prática.

- **Rolo de massa:** utilizado para abrir massas e pastas de açúcar, garantindo uma espessura uniforme ao preparo.
- **Adaptador de bico de confeitar:** acessório utilizado para fixar os bicos no saco de confeitar. É especialmente útil quando se deseja usar diferentes tipos de bicos para decorar uma sobremesa ou trocar o bico durante o processo de decoração. O adaptador é composto por duas partes: uma interna e outra externa. A parte interna é colocada dentro do saco de confeitar e a parte externa é rosqueada na parte interna. O bico de confeitar é encaixado na parte externa do adaptador e pode ser trocado facilmente, conforme necessário.
- **Maçarico:** sua função é gratinar, queimar e caramelizar. Devido ao propano, o fogo sai de forma direcionada da pistola, facilitando o uso do utensílio.
- **Pincel:** sua função é espalhar, de modo uniforme e econômico, produtos como manteiga, azeite, gema de ovo, etc.
- **Microplane ralador:** sua função é remover, de forma rápida, as raspas de frutas cítricas.
- **Zester:** sua função é retirar partes extremamente finas das frutas. Muito utilizado para retirar a casca de frutas cítricas e aplicá-la de forma decorativa.
- **Tapete de silicone:** sua função é servir como um papel-manteiga eterno e pode ser congelado ou levado ao forno; depois, basta higienizar e reutilizar.

Higiene e manipulação dos alimentos

Você já deve conhecer a importância da higiene na manipulação de alimentos. Mas você sabe o que é preciso fazer para mantê-la? Como fazer para evitar contaminação cruzada? Você conhece bem as leis do setor? Sabe quais são as possíveis punições? E, para além das punições, é preciso pensar no cliente em primeiro lugar. Tente se lembrar de algum local em que você comeu algo que não lhe fez bem. Você voltaria a esse estabelecimento? Falaria bem do lugar para seus amigos? Daria outra chance? Precisamos ter tudo isso sempre em mente ao lidar com alimentos e com o público.

Trabalhar na área da alimentação traz a responsabilidade de produzir alimentos saborosos e seguros; o que, por consequência, também auxilia a lidar com atitudes sustentáveis. O alimento não deve causar doenças, e sim proporcionar os nutrientes necessários.

A falta de zelo e cuidado ao produzir um alimento traz consigo o risco de contaminações, como:

- **Física:** quando a presença de um objeto estranho entra em contato com o alimento, como cabelo, barba, unhas, pelos de rato, vidro, entre outros.
- **Química:** contato com substâncias químicas, produtos de limpeza, inseticidas, entre outros.
- **Biológica:** quando ocorre a contaminação com toxinas, fungos, bactérias, vermes, entre outros.

Outro tipo de contaminação é a que chamamos de cruzada, na qual o contato indevido do alimento com pessoas, utensílios, superfícies, ambientes, insumos e produtos pode causar inúmeras doenças transmitidas por alimentos (DTA). Alguns exemplos de comportamentos de risco que podem causar esse tipo de contaminação são: não higienizar as mãos corretamente após ir ao banheiro; deixar insetos sobre a comida; o uso do aparelho celular dentro das cozinhas; e a utilização dos utensílios de cozinha (por exemplo, uma faca) para cortar alimentos crus e depois cozidos.

A falta de higiene no local de trabalho pode favorecer a proliferação de microrganismos, diminuindo a vida útil dos alimentos e, consequentemente, causando doenças nos consumidores. Para que não isso não ocorra, é necessário que, durante a produção, sejam seguidos os procedimentos higiênicos sanitários apresentados na legislação, como: higienização dos insumos; refrigeração dos preparos; conservação em local apropriado, de acordo com a recomendação do fabricante; manutenção da limpeza e higiene pessoal e no local de trabalho; separação dos alimentos crus e cozidos no armazenamento; cozinhar completamente os alimentos; e usar água e matéria-prima seguras na produção.

Para esclarecer quaisquer dúvidas, você pode consultar a legislação e as normas vigentes por meio da Agência Nacional de Vigilância Sanitária – Anvisa (em âmbito federal), da Vigilância Sanitária (nos âmbitos estadual e municipal) e do Ministério da Agricultura, Pecuária e Abastecimento.

É de equiparável importância pensar nas atitudes sustentáveis dentro da cozinha profissional – como não deixar a torneira aberta correndo água de forma desnecessária. O Brasil desperdiça cerca de 40% de toda a água potável captada para uso familiar e industrial. Isso significa que seria possível abastecer mais de 63 milhões de brasileiros somente no período de um ano com a água que é jogada fora.

Quem cozinha com frequência observa a quantidade de lixo gerado nesse processo, com restos de proteína, cascas de legumes e verduras. Imagine então em uma cozinha profissional? É um desafio diário para quem trabalha na área da cozinha lidar com os hábitos e costumes nada sustentáveis no ambiente profissional. Nesse cenário, começar com o básico, como separar o lixo reciclável, já ajuda muito quanto aos impactos ambientais e à sustentabilidade. Faça uma análise de resíduos e perceba qual tem maior quantia de descarte dentro da cozinha.

É possível usar alguns dos resíduos como ideias para uma nova roupagem na construção do cardápio – essa é uma tendência chamada *trash cooking*.* Um exemplo dessa tendência é fazer bolo de cenoura só com as cascas. Aproveite (não falamos reaproveite) os ingredientes de forma sustentável e inteligente.

Priorize o estoque e veja o que você já tem para construir um novo cardápio. Comprar mais insumos e deixar os que já tem de lado definitivamente não é ser sustentável. E, claro, tenha como ponto de atenção cuidado e zelo com os alimentos na hora de guardar: não esqueça de armazenar e etiquetar corretamente para poder utilizar esses materiais posteriormente. Bom lembrar que organização também é a chave para o caminho da sustentabilidade. Saber o que tem no estoque otimiza tempo, custos e evita desperdício de alimentos.

Além disso, pense em embalagens sustentáveis: no mundo ideal, utilizaríamos sempre embalagens biodegradáveis ou feitas à base de mandioca, mas é sabido que seu custo acaba impactando no valor de venda do produto. Porém você pode pensar em embalagens que o cliente poderá reutilizar, em vez de jogar fora. Aquela caixinha de brigadeiro que depois pode virar uma porta joia, ou a embalagem de pudim que pode se tornar um vaso... transforme o raciocínio sustentável em um dos itens indispensáveis, uma grande ferramenta da cozinha eficaz.

A conscientização dos profissionais da área da alimentação é indispensável para garantir um alimento seguro, saboroso e sustentável aos clientes.

---

* **Trash cooking** ou **cozinha de aproveitamento**: consiste em utilizar 100% dos insumos ou preparos, incluindo partes que seriam descartadas, tais como cascas e talos de verduras e legumes, ossos, caldos, etc. Na confeitaria, podemos pensar em usar a casca da abóbora como chips doce para finalizar sobremesas após fazer um doce de abóbora, ou fazer um bolo de pote com as aparas de um bolo montado.

Ingredientes

Será que a escolha correta dos ingredientes e possíveis adaptações podem auxiliar no processo criativo das receitas, gerando até mesmo novas tendências? Como pensar em receitas novas ou mudar receitas clássicas a partir dos ingredientes?

É indispensável o conhecimento adequado de cada ingrediente e sua função no preparo dos doces. A partir do momento que conhecemos cada ingrediente e entendemos a característica estrutural, o sabor e a textura necessários ao resultado, fica mais fácil pensar no processo criativo de acordo com possíveis substituições.

A substituição dos ingredientes não ocorre sempre de forma total; muitas vezes ela é parcial, para que sejam mantidas as características gerais do alimento.

Ovos

Ovos são ingredientes extremamente versáteis e importantes na confeitaria.

Um ovo inteiro pesa em média 57 g e é composto por 11% de casca, 58% de clara e 31% de gema. Ou seja, 50 g de peso líquido, 30 g de clara e 20 g de gema.

Entre suas utilidades, estão:

1. **Emulsificação:** o que ajuda a emulsionar (misturar) os ingredientes líquidos aos gordurosos

é a lecitina presente na gema dos ovos, resultando em uma mistura homogênea e suave. É importante para cremes e recheios que contêm líquido (água) e gordura (manteiga, óleo).

2. **Espessante:** as proteínas presentes no ovo coagulam quando são levadas à cocção. Em média, a temperatura de coagulação da clara é de 62 °C a 65 °C; da gema, entre 65 °C e 70 °C; e do ovo inteiro, entre 68 °C e 70 °C. A palavra "espessar" vem de "tornar(-se) espesso; engrossar(-se), adensar(-se)." Esse processo é necessário para diversos cremes, molhos e recheios.

3. **Agente de volume:** as claras em neve contêm proteína, o que ajuda na expansão de ar. Com o uso de uma batedeira ou fouet, elas auxiliam no crescimento das massas e na leveza dos preparos, como em merengues e marshmallows.

4. **Coloração:** a gema do ovo confere coloração aos preparos.

Açúcares

Os tipos comuns são os extraídos da cana-de-açúcar (sacarose), da beterraba-branca ou das frutas (frutose), passados por processos de refinamento para obter a granulometria adequada para cada variedade.

Entre suas funções, estão:

1. **Sabor:** o açúcar acrescenta um sabor característico doce aos preparos realizados com o ingrediente.
2. **Textura:** a quantia de açúcar utilizada na receita pode alterar a textura do preparo de forma proposital, como a adição de açúcar para a produção de um glacê real em relação ao preparo de um simples merengue. O que também pode alterar a textura do preparo é o tipo de açúcar utilizado.
3. **Estrutura:** para massas cozidas (bolo, brigadeiro, etc.), o processo da caramelização do açúcar durante a cocção do preparo é fundamental para a estrutura.
4. **Conservação:** o açúcar é considerado um tipo de conservante natural na confeitaria, auxiliando a prolongar a durabilidade dos preparos.

Tipos de açúcares:

- **Açúcar mascavo e rapadura:** são obtidos da primeira extração da cana-de-açúcar. A rapadura é a cristalização do açúcar bruto.

- **Demerara:** açúcar não clarificado, ou seja, que contém parte do extrato da cana.
- **Cristal:** a diferença entre o demerara e o cristal é que o cristal passa pelo processo de clarificação com gás sulfito.
- **Refinado:** é obtido a partir do processamento do açúcar cristal ou demerara.
- **Confeiteiro:** sua base é o açúcar refinado ou cristal, que passa por um processo de refinamento e diluição até chegar a um produto extremamente fino. Devido ao processo de refinamento, esse açúcar tem a tendência de absorver umidade.
- **Impalpável:** sua base é o açúcar de confeiteiro com adição de, no mínimo, 3% de amido de milho. O amido de milho ajuda a retirar a umidade do açúcar e evita a formação de "pedrinhas".
- **Açúcar invertido:** é feito a partir da sacarose, que é aquecida na presença de água e se "quebra" em dois açúcares: glicose e frutose. Esse tipo de açúcar é 30% mais doce que o refinado e auxilia na retenção da umidade, ajudando a manter as produções frescas e úmidas, além de retardar a cristalização.
- **Glucose e xarope de glucose de milho:** é uma solução concentrada transparente obtida do açúcar de milho. Sua função é agregar maciez às massas e retardar o processo de cristalização causado pela cana-de-açúcar.

Chocolates em pó

- **Achocolatado:** contém uma porcentagem superior de açúcar e inferior de chocolate em pó, além de ser combinado com outros aditivos, como maltodextrina e outras substâncias.
- **Chocolate em pó:** é o cacau em pó com adição de açúcar em proporções iguais. Porém o Ministério da Agricultura categoriza o chocolate em pó com, no mínimo, 32% de chocolate. Em algumas marcas, ele pode conter gorduras e leite em pó na composição.
- **Cacau em pó:** aqui, o sabor é extremamente intenso e forte. Cacau 100% é o cacau puro; nesse caso, os nibs de cacau passa por uma mistura de sólidos e manteiga de cacau para a produção do produto em pó, isento de gorduras e açúcares.

Há uma diferença entre o cacau em pó e o cacau alcalino: a acidez. O cacau em pó, devido ao processo de fabricação, é extremamente ácido; já o cacau alcalino, ou cacau dutch, passa pela lavagem em uma solução de potássio no processo do preparo, que neutraliza a acidez. Além disso, ele é mais escuro em comparação ao cacau comum.

O cacau alcalino, devido ao seu nível de acidez, é ideal para produções em que se usa fermento químico, já que a falta de acidez do cacau não impacta na fermentação química do produto.

Já o cacau em pó é ideal para preparos que contêm bicarbonato ou nenhum tipo de produto ácido. A acidez do cacau natural neutraliza o sabor residual e metalizado do bicarbonato em determinados preparos.

Farinha de trigo

A partir do grão de trigo (*Triticum aestivum*), é feita a moagem e trituração que resulta na farinha de trigo que conhecemos. Este é um dos principais ingredientes para diversos preparos, como pão, bolo, entre outros produtos. Todas as farinhas de trigo contêm proteínas (gliadina e glutenina); quanto maior o teor de proteínas, mais "forte" é a farinha.

Quando a farinha de trigo se mistura com líquidos, por meio de ação mecânica, a proteína do glúten forma uma "cola" que dá estrutura aos pães, bolos, massas e outros alimentos à base de farinha.

A quantidade de proteína presente na farinha de trigo não se refere à qualidade do insumo; essa informação indica apenas que ela é mais adequada a certos tipos de preparação. Para fazer pão artesanal, por exemplo, o ideal é usar farinhas "fortes"; para bolos, massas frescas e confeitaria em geral, farinhas mais "fracas".

Segundo a instrução normativa nº 8, de 2005, do Ministério da Agricultura, existem três tipos de farinha de trigo no Brasil. Sua classificação, entre outros fatores, é indicada pela quantidade de proteína:

- **Tipo 1:** contém 7,5% de proteína. É a mais popular do mercado, usada em preparos gerais em padarias, confeitaria e outros.
- **Tipo 2:** contém 8% de proteína. É utilizada na indústria, para produções em grande escala.
- **Integral:** contém o mínimo de 8% de proteína.

Não existe uma padronização além dessa regra geral, por isso não é possível saber exatamente a "força" das farinhas no Brasil. Porém conseguimos identificar uma porcentagem média de acordo com a tabela nutricional.

A função da farinha de trigo para os preparos bases de confeitaria é:

1. **Espessante:** podemos adicionar farinha em molhos e cremes e levar para cocção; isso auxilia no processo de deixar o preparo mais "cremoso", ou seja, espesso.
2. **Agente de volume:** em contato com outros insumos, a farinha agrega volume às massas.
3. **Estruturas:** devido às proteínas presentes, a farinha auxilia na construção do glúten, agregando estrutura para massas pesadas.

Leite/líquidos

Em toda receita que contém produtos secos, é necessário acrescentar algum líquido para homogeneizar a massa. Leite, água, sucos e chás são as opções mais utilizadas, mas é importante analisar o balanceamento da receita em relação aos outros ingredientes. Por exemplo: leite contém gordura e, muitas vezes, em massas, é necessário utilizar leite para agregar maciez.

Os líquidos auxiliam a receita por meio das seguintes características:

1. **Umidade:** água, leite e sucos mantêm a massa do preparo úmida por mais tempo, conferindo, consequentemente, maciez ao resultado.
2. **Sabor:** sucos, leite (gordura), licores e essências agregam sabor aos preparos da confeitaria.
3. **Ativação de agentes químicos:** algumas marcas de fermento em pó e o bicabornato de sódio precisam de líquido para ativar a fermentação ou intensificar a cor da massa. Esse processo ajuda no crescimento de algumas sobremesas e a deixá-las mais leves.

Gorduras

A gordura tem como característica não se dissolver em água, e sua textura pode ser líquida ou sólida. Ela é formada por pequenas partes, chamadas de ácidos graxos; quando todos os carbonos de determinado ácido graxo estão ligados a um hidrogênio, pode-se dizer que ele é saturado. Os ácidos graxos saturados são moléculas retas, facilmente empilháveis, o que torna a gordura mais firme e sólida.

Os ácidos graxos insaturados são baseados em um dos carbonos da molécula que não está ligado a um hidrogênio. Isso dificulta o empilhamento das moléculas e resulta em uma gordura mais compacta e líquida.

É possível identificar o tipo de gordura presente em alguns alimentos, como manteiga, gordura de coco e banha, que são ricas em gorduras saturadas. Os óleos de canola e o azeite são gorduras insaturadas.

O tipo de gordura utilizada pode alterar o sabor e a textura de um produto de confeitaria. Uma prática comum no mercado é utilizar gorduras que não sejam propriamente a manteiga e adicionar essência sabor manteiga aos preparos.

Manteiga

A manteiga é uma gordura extraída do leite. É feita à base de creme de leite pasteurizado, com acréscimo de urucum para a coloração, e pode ser encontrada nas versões com e sem sal.

Para as produções de confeitaria, sempre utilizamos a manteiga sem sal. A temperatura que a manteiga começa a derreter varia entre 21 °C a 40 °C, ou seja, fora de refrigeração, ela perde seu estado sólido e começa a ficar pastosa, derretida. Este processo pode impactar na estrutura interna das massas dos bolos. A partir do momento que a massa dos bolos é colocada na geladeira, a tendência é que fique firme; em contrapartida, quando fora de refrigeração, fica macia.

A manteiga também auxilia a manter a umidade da massa, evitando, assim, a necessidade de umedecê-la com calda em excesso.

Margarina

A margarina é feita à base de gordura vegetal, corantes, espessantes e saborizantes. Pode ser substituída pela manteiga em alguns preparos na confeitaria de forma parcial ou total. No entanto, é importante prestar atenção se a textura da margarina vai impactar na textura do produto. Exemplo: a margarina fora e dentro de refrigeração mantém a textura. Ao fazer uma massa de bolo com margarina, o resultado será que, dentro e fora de refrigeração, a massa manterá a textura também.

Gordura vegetal

A gordura vegetal é feita de óleo vegetal hidrogenado. Sua textura é plástica, sua cor é branca e seu aroma é característico. É utilizada em alguns produtos da confeitaria, como cremes, glacês e pastas de açúcar.

Óleo e azeite

São gorduras líquidas e, por esse motivo, pouco utilizadas na confeitaria. Substituir as gorduras mencionadas anteriormente por óleo ou azeite pode alterar a textura do produto.

Algumas massas de bolo contêm óleo vegetal; para este processo, utilizam-se óleos com sabor mais neutro, como os de canola e algodão. O óleo de soja tem sabor residual forte e pode alterar o sabor final do produto.

Frutas naturais

Quando são utilizadas frutas naturais para recheio de bolos e tortas, o ideal é passá-las por algum processo de cocção, para aumentar a validade do produto perecível e, assim, não correr o risco de a fruta soltar líquido no bolo.

Os preparos para evitar quaisquer tipos de problemas são mencionados a seguir.

Desidratar

Você pode desidratar a fruta com açúcar refinado. Para isso, misture a fruta picada com uma pitada de açúcar e deixe essa mistura dentro de uma peneira por, no mínimo, 6 horas. Assim, toda a umidade da fruta sairá. O morango, por exemplo, tem sua validade aumentada com esse processo.

Cozinhar

Para frutas ácidas, como abacaxi, a forma ideal de ampliar a shelf life (tempo de prateleira ou validade) é levá-las para cocção.

Redução da fruta

Para fazer esse processo, corte a fruta, ou utilize a polpa, e leve ao fogo sem adicionar açúcar. A fruta irá reduzir e sua textura ficará parecida com a de uma geleia.

Com esses preparos, você poderá rechear o bolo ou torta com mais segurança.

Ingredientes industrializados

Corantes alimentícios

De início, é importante lembrar que os corantes alimentícios consumidos em excesso podem apresentar risco à saúde. Muitos países estabelecem limites na dosagem de corantes alimentícios em diversos preparos. A recomendação é sempre se atentar à quantidade de corante alimentício discriminada nas embalagens.

Você deve utilizar a dosagem mínima para evitar sabor residual metalizado nas coberturas de bolos. Para isso, é necessário usar a pigmentação adequada. Exemplo: caso a intenção seja obter uma coloração azul escuro, evite trabalhar com o azul tradicional e adicionar uma dose exagerada até obter a tonalidade "escura"; procure a coloração correta.

Quando for utilizar corantes alimentícios em coberturas gordurosas, como chantilly ou creme de manteiga, deixe descansar em torno de 30 minutos após aplicar a pigmentação, para intensificar a tonalidade. Já para coberturas à base de açúcar, como pasta americana ou glacê real, é importante que o preparo não fique exposto à luz artificial por muito tempo. A luz acaba "queimando" o tom do corante, alterando a cor ao final do preparo.

Alguns tipos de corantes utilizados na indústria alimentícia são:

- **Corantes naturais:** obtidos de fontes vegetais ou minerais, como betacaroteno, cúrcuma, entre outros.
- **Corantes hidrossolúveis:** precisam de água para uma perfeita homogeneização. A comercialização desse produto normalmente é feita em gel, pó ou pasta. Costumam ser usados em chantilly, massas de bolo, etc.
- **Corantes lipossolúveis:** necessitam de gordura para uma perfeita homogeneização. Podem ser utilizados em chocolates, creme de manteiga, etc.
- **Dióxido de titânio:** corante branco, pigmento inorgânico, proibido em diversos países na área da alimentação, porém muito utilizado em chocolates. Para uma perfeita homogeneização, é necessário diluir em água ou álcool de cereais.
- **Corantes metalizados:** surgem nas cores bronze, rose gold, prateado, entre outras. Para obter uma coloração adequada para pinturas em superfícies, é necessário diluí-los em álcool de cereais ou bebida alcoólica transparente.

- **Pós aveludados:** considerados como pós de acabamento. Utiliza-se para finalizar e dar acabamento em peças de pasta americana, bolos de chantilly ou decorações comestíveis. Não deve ser utilizado para homogeneizar coberturas, pois sua pigmentação não será tão intensa.

Antimofo para fins alimentícios

Feito à base de propionato de cálcio, esse aditivo químico tem a função de evitar bolor e mofo nos produtos de confeitaria. Para utilizar a dosagem correta, é necessário verificar o rótulo do fabricante.

CMC – carboximetilcelulose

A carboximetilcelulose (CMC) é um produto em pó sem aroma, de sabor característico e coloração neutra, extraído da celulose. É utilizado na confeitaria como espessante, para garantir estabilidade nos preparos e manter a umidade. Exemplo: na modelagem de pasta de açúcar, é necessário acrescentar uma pitada de CMC para reter a umidade da pasta e criar a estrutura da escultura.

Cremor tártaro

O cremor tártaro (bitartarato de potássio), também conhecido como creme de tártaro, é um pó branco e inodoro, um sal ácido retirado de forma neutra do ácido tartárico com potássio. Ele auxilia na estabilização das claras em neve e se torna resistente ao calor, ajudando a agregar mais volume e aeração em produtos que necessitam de cocção (bolos, suspiros). O bitartarato de potássio, em junção com o bicarbonato de sódio, se transforma no fermento químico que encontramos no mercado para a fermentação de bolos.

Ácido cítrico

Extraído de forma orgânica de frutas cítricas (caju, framboesa, acerola, etc.), auxilia no processo de conservação dos alimentos de forma natural. O ácido é capaz de prevenir o surgimento e a proliferação de microrganismos e bactérias que fazem com que os alimentos se decomponham. O produto tem a função de neutralizar o PH de produtos ácidos ou diminuir o teor de doçura de alguns doces.

Gelatina

A gelatina é uma mistura de poli e oligopeptídeos derivados da hidrólise parcial do colágeno, e é extraída do colágeno presente em pele, tendões e ossos de animais bovinos, suínos e aves ou da pele e escama de peixes. Como é um produto versátil, já teve diversas utilidades. Em 1818, por exemplo, ela foi industrializada como cola de uso geral pela primeira vez em Lyon, na França. Nesse período, seu potencial também foi usado como fonte de proteína para o exército, já que a produção da carne se encontrava em escassez.

Em 1834, o químico francês François Mothes conseguiu uma patente para produzir cápsulas de gelatina, a fim de disfarçar o sabor amargo de medicamentos e protegê-los de possíveis degradações. Já em 1847, o londrino James Murdock desenvolveu uma cápsula de gelatina dura, mas ainda levaria muito tempo para que o uso dessas cápsulas fosse mais difundido. Na culinária, em 1845, nos Estados Unidos, foi concedida uma patente de gelatina em pó que poderia ser usada em diversas receitas de sobremesa. Além disso, ela ajudou a popularizar a fotografia ao simplificar o processo de revelação com as placas de emulsão de gelatina pura.

Voltando para a culinária – a função da gelatina nos preparos é auxiliar na textura firme e intacta para recheios, cremes e mousses. O poder de gelificação da gelatina é chamado de "bloom" e mede a força da proteína em manter os preparos resistentes após a solidificação.

A gelatina em pó encontrada no mercado contém, em média, 10 g por unidade embalada. A gelatina em folha tem concentração superior comparada à gelatina em pó, devido ao fato de ser necessário acrescentar água na composição do pó para hidratar. A proporção entre essas duas formas de gelatina é: para 2 folhas e meia de gelatina, é necessário utilizar 13 g de gelatina em pó para garantir o mesmo bloom.

Para hidratar a gelatina da forma correta, é necessário reservar, em um recipiente, 50 mL de água em temperatura ambiente e pulverizar aos poucos a gelatina em pó. Assim que ela estiver hidratada, deve ser levada ao micro-ondas ou banho-maria até dissolver e ficar líquida, garantindo assim melhor homogeneização ao preparo.

Para a gelatina em folha, é necessário encher um recipiente de água e colocar as folhas imersas; assim que estiver hidratada (estado flexível), deve ser apertada para retirar a água. Depois, deve ser vertida em um recipiente e levada ao micro-ondas, ou banho-maria, até que dilua.

Ágar-ágar

A diferença entre o ágar-ágar e a gelatina é a fonte da qual a substância é extraída. O ágar-ágar é de origem vegetal, e a gelatina, de origem animal: extraído de algas vermelhas, o ágar-ágar é considerado um polissacarídeo, e a gelatina é uma proteína extraída a partir de ossos e pele de animais.

O ágar-ágar (também conhecido como ágar e agarose) é um hidrocoloide fortemente gelatinoso extraído de diversos gêneros e espécies de algas marinhas vermelhas provenientes dos oceanos Índico e Pacífico. Ele consiste em uma mistura heterogênea de dois polissacarídeos, agarose e agaropectina.

O poder de gelificação do ágar é intenso em comparação com a gelatina. A proporção entre os dois produtos é: para substituir 1 parte de ágar, são necessárias 3 partes de gelatina.

A gelatina não ter sua temperatura elevada acima de 35 °C; se isso acontecer, ela perde o bloom (gelificação) e só endurece quando esfria. Já o ágar pode ser elevado até 85 °C, e começa a estruturar/ficar firme em torno de 32 °C a 40 °C.

Isomalt

Descoberto em 1960, é um adoçante natural, utilizado em diversos produtos industriais para substituir o açúcar na produção de alimentos, como balas de goma, chocolates, caramelos e suplementos nutricionais. O isomalt tem a mesma aparência que o açúcar comum: branco, cristalino e inodoro.

Sua utilização foi aprovada em 1990 nos Estados Unidos e até hoje ele está nas receitas de mais de 70 países. Atualmente, é muito usado na confeitaria para criar diversas decorações. O isomalt é facilmente diluído em água e pode ser utilizado com diversos moldes de silicone. No preparo, é importante o uso de um termômetro culinário para garantir a temperatura ideal e para a cristalização ocorrer perfeitamente.

Métodos de saborização

Para agregar sabor ao brigadeiro, ao ganache e a outras produções que contêm leite ou creme de leite entre os ingredientes, uma sugestão é adicionar sabor aos preparos de base a partir das técnicas a seguir.

Método por infusão

O termo "infusão" vem de um processo de fabricação pela imersão de uma substância aromática em água fria ou fervente. Neste método, temos a possibilidade de aromatizar por infusão todos os líquidos da receita com ervas frescas, ervas secas ou sachês de chá no líquido fervendo. Deixe o insumo escolhido em torno de 15 minutos na infusão para que ela absorva bem o sabor.

O líquido usado nessa infusão deve ser algum ingrediente com sabor característico na receita (como um chá). Exemplo: coloque capim-santo em uma panela com creme de leite ou o líquido indicado na receita. Deixe ferver, desligue o fogo e abafe. Depois, deixe descansar até esfriar, coe e utilize esse creme de leite/ líquido saboroso para fazer o preparo.

Método por adição

Como o próprio termo cita, nesta técnica, é necessário somar todos os ingredientes do receituário e adicionar uma porcentagem de 10% a 25% do sabor específico (pastas saborizantes, chocolate, doce de leite, etc.).

Fichas técnicas

A função de uma ficha técnica de preparo é auxiliar na padronização da produção das receitas, facilitando assim a precificação, o planejamento interno operacional, o controle de estocagem dos insumos e a elaboração do passo a passo do preparo.

Desenvolvimento

É importante que a ficha técnica de precificação ou operacional contenha algumas informações, tais como:

- **Nome da preparação:** se refere a qual preparação será feita. Exemplo: bolo de laranja.
- **Rendimento:** devemos informar quantas porções a receita renderá e qual o peso unitário de cada porção. Exemplo: 1 bolo de 1 kg.
- **Tempo de preparo:** trata-se do tempo em minutos para a preparação ficar pronta. Uma observação extremamente importante aqui é que você deve contar o tempo de higienização do ambiente de trabalho, da lavagem da louça e, se for um bolo confeitado, quanto tempo você levaria para decorar. Exemplo: 60 minutos no total.
- **Peso bruto dos insumos:** é o peso do alimento *in natura*, sem retirar cascas, polpas ou sementes. Exemplo: 1 kg de laranjas para o bolo.
- **Peso líquido:** é o peso do alimento limpo, higienizado e descascado. Exemplo: 600 g de laranja cortada em gomos.
- **Custo da preparação:** trata-se da quantia total necessária para fazer a receita. Ex: R$ 10,00.
- **Custos fixos:** são os custos que, ao final do mês, sempre deverão ser pagos. Exemplo: aluguel, água, gás, luz, etc.
- **Modo de preparo:** é o passo a passo técnico e objetivo do preparo. Exemplo:
    1. Preaqueça o forno em 180 °C.
    2. Misture todos os ingredientes secos.
    3. Agregue os líquidos.
    4. Misture tudo até obter uma textura arenosa e homogênea.

E assim por diante, até o final da receita. Aqui, é interessante também incluir os tempos de cozimento, se alguma parte do preparo precisa ficar reservada em separado e por quanto tempo, em suma, todos os detalhes necessários para que a receita seja bem-sucedida. Também é possível acrescentar algo técnico necessário da receita, como uma foto do produto, por exemplo.

Aplicabilidade

A ficha técnica é importante em todo segmento da alimentação. Porém, na confeitaria, ela é bastante útil para analisar e precificar os insumos e o tempo de preparo do produto, além dos detalhes finais e de todo o tempo de trabalho.

Na execução de uma modelagem de açúcar, por exemplo, é necessário saber o tempo médio de preparo para precificar corretamente. Também é fundamental que os insumos estejam devidamente pesados, até mesmo para que saibamos se temos tudo que é preciso para a receita. E é essencial contemplar o tempo de preparo para a decoração do bolo (espatular, quinar, acrescentar as decorações necessárias).

Cálculos da ficha técnica

Para realizar os cálculos, é necessário aplicar uma regra de 3 simples:

1 kg de farinha de trigo custa R$ 5,00. Mas a receita pede apenas 0,250 g de farinha de trigo. Então, é necessário calcular:

1 kg (farinha de trigo comprada) = 5,00 (reais)
0,250 g (farinha de trigo da receita) = x

Assim, multiplique o 0,250 g por R$ 5,00 = o resultado será 1,25; divida 1,25 por 1 kg de farinha = o resultado será 1,25. Ou seja, o valor ficou em R$ 1,25. Veja a conta a seguir:

1.0 — 5,00
0,250 — x
↓
1x = 5,00 . 0,250
1x = 1,25
x = 1,25 ÷ 1
x = 1,25

Assim, descobrimos que 0,250 g de farinha de trigo, neste cenário, custarão R$ 1,25. É necessário repetir esse processo com todos os outros itens da receita para obter o custo total dos insumos.

Modelo

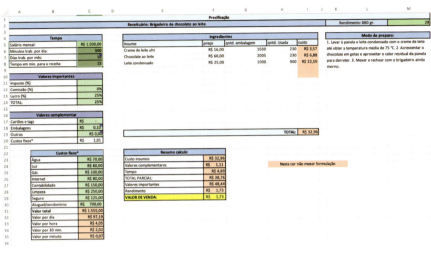

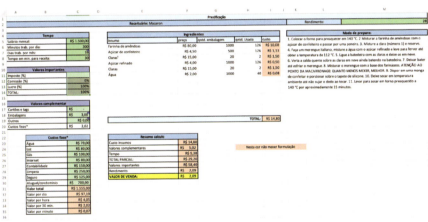

Dica

Você pode fazer o download desse modelo de ficha técnica acessando o QRCode ao lado. →

43

Cálculo de proporção

A partir do momento em que o cliente fez um pedido de bolo, é preciso calcular a quantia necessária de massa, recheio e cobertura para determinada quantidade. O intuito de fazer esse cálculo é para que não tenhamos excedente de massa e recheio ao finalizar a encomenda, primando pela economia, otimização do uso dos insumos e evitando desperdícios.

Para que sejam feitos os cálculos, primeiramente devemos ter a média de quantidade utilizada de cada item, levando em consideração que, dependendo da densidade da massa e do recheio, essas proporções podem se alterar:

40% de recheio;
35% de massa;
10% de calda;
15% de cobertura.

Para facilitar, veja o cálculo a seguir, da encomenda de um bolo de 2 kg. Assim, é necessário fazer uma simples regra de 3 para obter as informações:

Total: 2 kg a encomenda

Regra de 3 para 40% de recheio:
100% — 2.000
40% — x
↓
100x = 2.000 . 40
100x = 80.000
x = 80.000 ÷ 100
x = 800

Ou seja, serão necessários 800 g de recheio para esta encomenda.

Regra de 3 para 35% de massa:
100% — 2.000
35% — x
↓
100x = 2.000 . 35
100x = 70.000
x = 70.000 ÷ 100
x = 700

Ou seja, serão necessários 700 g de massa para esta encomenda.

Regra de 3 para 10% de calda:

100% — 2.000

10% — x

↓

100x = 2.000 . 10

100x = 20.000

x = 20.000 ÷ 100

x = 200

Ou seja, serão necessários 200 g de calda para esta encomenda.

Regra de 3 para 15% de ganache:

100% — 2.000

15 % — x

↓

100x = 2.000 . 15

100x = 30.000

x = 30.000 ÷ 100

x = 300

Ou seja, serão necessários 300 g de cobertura para esta encomenda.

Ao final, podemos dizer que, para a encomenda do bolo de 2 kg, precisaremos de:

recheio: 800 g;

massa: 700 g;

calda: 200 g;

cobertura: 300 g.

A partir dessas informações, é preciso verificar as características de sabores dos bolos. Se os recheios forem cozidos, consequentemente haverá alteração de volume, de forma positiva ou negativa. Esse processo é chamado de índice de cocção.

Podemos pensar em alguns exemplos: ao final de sua cocção, o brigadeiro perde em torno de 40% do seu peso inicial; já no preparo de ganache, acrescentamos creme de leite ao chocolate derretido, e esse será o volume total, já que não haverá mais nenhum processo de cocção.

Após essas informações, é importante fazer o cálculo de cada tipo de recheio, massa e calda para saber exatamente o que será necessário produzir.

Exemplo:

Uma receita de brigadeiro contém:

395 g de leite condensado;
100 g de creme de leite;
100 g de chocolate ao leite.
Total: 595 g de massa crua.

Após o cozimento, com a perda de 40% do volume, obtemos 357 g de brigadeiro em média.

Pensando no caso que usamos como exemplo, em que faremos um bolo de 2 kg – se o nosso pedido precisa de 800 g de brigadeiro como recheio, qual porcentagem da receita será necessário produzir?

Temos 595 g de massa crua; 357 g após o cozimento; e precisamos de 800 g. Então, vamos fazer novamente a regra de 3:

357 — 100%
800 — x
↓
357x = 800 . 100
357x = 80.000
x = 80.000 ÷ 357
x = 224%

Ou seja, é preciso fazer em média 224% da receita de brigadeiro para obter os 800 g de recheio para o bolo. Você deve fazer o mesmo cálculo para todos os ingredientes do brigadeiro.

Creme de leite:
100% — 100 g
224% — x
↓
100x = 224 . 100
100x = 22.400
x = 22.400 ÷ 100
x = 224.

Serão necessários 224 g de creme de leite.

Chocolate ao leite:
100% — 100 g
224% — x
↓
100x = 224 . 100
100x = 22.400
x = 22.400 ÷ 100
x = 224.

Serão necessários 224 g de chocolate ao leite.

Leite condensado:
100% — 395
224% — x
↓
100x = 395 . 224
100x = 88.480
x = 88.480 ÷ 100
x = 884,8

Serão necessários 884,8 g de leite condensado.

Com todas as informações, identifica-se que, para fazer o recheio, será necessário:

224 g de creme de leite
+ 224 g de chocolate ao leite
+ 884,8 g de leite condensado
= 1.332,8 kg de massa crua - 40% (pelo índice de cocção).

O resultado será de 800 g de massa cozida de brigadeiro para rechear o bolo de 2 kg.

Para a massa do bolo, será necessário fazer o mesmo cálculo. A massa amanteigada perde em torno de 2% do seu peso inicial durante a cocção.

Segue o exemplo do cálculo a ser feito:

Receita da massa amanteigada:
170 g de açúcar refinado;
170 g de farinha de trigo;
150 g de ovos;
10 g de fermento em pó;
5 mL de essência da sua preferência (exemplo: baunilha);
120 mL de leite integral.

Após obter o resultado total da massa da receita crua de 625 g, o ideal é que seja feita a regra de 3 para saber a porcentagem para fazer a receita para a encomenda de 2 kg.

625 — 100
700 — x
↓
625x = 700 . 100
625x = 70.000
x = 70.000 ÷ 625
x = 112% + 2% (que será perdido após a cocção) = 114%

Após esse processo, calcular para todos os ingredientes os 114% necessários para a encomenda.

Exemplo na quantidade de açúcar refinado:

100 — 170
114 — x
↓
100x = 170 . 114
100x = 19.380
x = 19.380 ÷ 100
x = 193,8 g de açúcar.

Devemos, então, aplicar o mesmo cálculo para todos os ingredientes da receita do bolo:

193,8 g de açúcar;
193,8 g de farinha de trigo;
171 g de ovos;
11,4 g de fermento químico;
5,7 mL de essência;
136,8 mL de leite integral.
Total: 712,5 de massa crua – 2% = 698,25 g de massa cozida.

Após realizar esses cálculos com todos os ingredientes, você terá todas as receitas dimensionadas para encomendas e sem desperdício de ingredientes.

MASSAS

De onde surgiu o termo "bolo"? Qual é a história dessa nomenclatura tão presente em nossa cozinha? Além disso, como explicamos a diferenciação do que temos hoje como pão e bolo, sendo que ambos são, numa visão mais espartana, massa fermentada? O que os diferenciou no decorrer do tempo?

No Egito Antigo, o bolo era feito à base da massa de pão e adoçado com xaropes ou frutas secas. A diferença histórica entre o bolo e o pão começou em Roma, durante o Renascimento.

Após a expansão do Império Romano, as técnicas e o processo de fermentação dos pães foram aperfeiçoados. Nessa época, o visual do produto se parecia com uma "bola"; por conta disso, batizaram de "bolo" esses pães arredondados e doces.

Com a dificuldade de adquirir especiarias, somente a nobreza tinha acesso aos bolos preparados com ingredientes de qualidade. Contudo os bolos não eram consumidos pelas pessoas, mas ofertados aos deuses.

No século XVI, os nobres europeus iniciaram a tradição dos bolos de casamento. O primeiro registro de um bolo de andares foi no casamento de Catarina Médici II com Henrique II na França. Em 1568, o casamento de Guilherme da Baviera com Renata de Lorena da França teve um bolo com mais de três metros. No Reino Unido, a rainha Vitória I foi uma das precursoras desse hábito, servindo em sua festa um bolo com mais de dois metros de altura e cerca de 200 kg.

Com o tempo, confeiteiros franceses e americanos foram aperfeiçoando ainda mais as técnicas de preparo das massas de bolos, pensando em sua estruturação, sabor e durabilidade.

> MASSAS <

MASSA ESPUMOSA

Massa espumosa é a que utiliza, em seu processo, claras em neve para promover aeração, resultando em uma massa leve.

Sua origem é italiana, especificamente de Gênova, criada em 1747 por Giobatta Carbona para o rei da Espanha, Fernando VI. A massa foi batizada de pan di Spagna. Com o tempo, técnicas de preparo e os ingredientes da massa foram se adaptando de acordo com a necessidade local. Os países com maior aceitação e demanda da receita foram Portugal, Japão, Brasil, Estados Unidos e Inglaterra.

A massa espumosa tem algumas subcategorias:

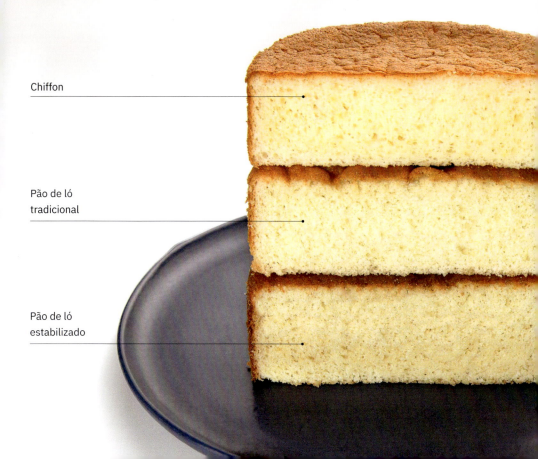

Chiffon

Pão de ló tradicional

Pão de ló estabilizado

> MASSAS / MASSA ESPUMOSA <

Pão de ló

Ingredientes	Quantidade
Ovos	5 unidades
Farinha de trigo	150 g
Açúcar refinado	150 g

Modo de preparo:

1. Preaqueça o forno a 180 °C.
2. Coloque uma folha de papel manteiga no fundo de 3 formas de 15 cm x 5 cm. Não unte as laterais da forma.
3. Em uma batedeira, bata os ovos inteiros, até que cresçam três vezes o volume.
4. Aos poucos, pulverize o açúcar refinado e deixe bater por mais 1 minuto.
5. Desligue a batedeira e, com um fouet ou espátula de silicone, misture de baixo para cima, delicadamente, a farinha de trigo peneirada.
6. Distribua a massa por igual nas formas. Leve ao forno e deixe assar por aproximadamente 20 minutos ou até que você consiga espetar um palito e vê-lo sair limpo.
7. Retire do forno e deixe esfriar antes de desenformar.

Saborização:

1. Para obter uma massa de chocolate, é preciso reduzir a quantidade de farinha de trigo para 125 g e adicionar 25 g de chocolate em pó.
2. Por fim, você pode acrescentar extratos (baunilha, avelã, etc.), licores ou essência de baunilha. No caso dos saborizantes à base de álcool (como licores e essências), é importante que eles sejam adicionados ao final, para evitar que o álcool evapore. Com isso, o sabor ficará mais intenso.
3. Diminuir 30% da farinha de trigo da massa e acrescentar 30% de outros farináceos, como farinha de amêndoas, farinha de amendoim, farinha de castanhas, entre outros.

Você sabia?

Para fazer o conhecido biscoito champagne, devemos utilizar a massa de pão de ló. Coloque a massa em uma manga de confeitar e faça o formato dos biscoitos do tamanho desejado, salpicando açúcar cristal por cima. Em seguida, leve ao forno a 180° C, até secar e virar o biscoito champagne. Uma curiosidade: esse biscoito foi criado na corte francesa durante o reinado de Catarina de Medicis. Sua inspiração veio de um biscoito típico da cidade de Reims, na região de Champanhe, que costumava ser mergulhado na bebida.

Dicas

- Dividir a massa em aros ou formas menores reduz o tempo de cocção e mantém a umidade da massa.
- Não unte as laterais da forma: o que faz o pão de ló crescer é a massa que "gruda" nas laterais da forma. Se você untar, a massa irá "deslizar" nas laterais e não irá crescer.
- Se você jogar o açúcar refinado de uma única vez, irá perder a aeração da massa. Ele deve ser pulverizado aos poucos.
- O pão de ló, por ser uma massa delicada e sem adição de fermento químico, tem a tendência de murchar levemente no topo ao ser retirado do forno.
- Para massas leves, dê preferência a recheios leves. Por exemplo, no pão de ló, podem ser utilizados recheios de mousses, que, além de criar uma harmonização entre o recheio e a massa, auxilia na estrutura do bolo.

> MASSAS / MASSA ESPUMOSA <

Pão de ló estabilizado

Ingredientes	Quantidade
Farinha de trigo	170 g
Açúcar refinado	170 g
Ovos	3 unidades
Fermento químico	10 g
Leite integral	120 mL

Esta massa oferece melhor estrutura e maior validade ao bolo.
Ela normalmente contém fermento em pó, para garantir uma fermentação intensa, e leite, para agregar sabor e leveza. Em comparação com o pão de ló clássico, devido aos ingredientes adicionais, confere maior shelf life.

Modo de preparo:

1. Preaqueça o forno a 180 °C.
2. Coloque uma folha de papel manteiga no fundo de 3 formas de 15 cm x 5 cm. Não unte as laterais da forma.
3. Em uma batedeira, bata os ovos inteiros até que cresçam três vezes o volume.
4. Aos poucos, pulverize o açúcar refinado e deixe bater por mais 1 minuto.
5. Diminua a velocidade da batedeira e acrescente, em fio, o leite em temperatura ambiente.
6. Desligue a batedeira e adicione aos poucos a farinha de trigo peneirada com o fermento químico.
7. Distribua a massa por igual nas formas. Leve ao forno e deixe assar por aproximadamente 20 minutos ou até que você consiga espetar um palito e vê-lo sair limpo.
8. Retire do forno e deixe esfriar antes de desenformar.

Saborização:

1. Como esta massa contém fermento e gordura do leite, tem a característica de ser mais estável, possibilitando acrescentar 60 g de outros elementos, como oleaginosas bem picadas, granulado, coco seco ralado, etc.
2. Nesta receita, você pode substituir 100% do leite por outro líquido, como sucos concentrados, para obter sabores de massa diferentes.
3. Para fazer essa massa saborizada de chocolate, diminua 30% da farinha de trigo e acrescente a diferença de chocolate em pó.
4. Se for utilizar cacau em pó, diminua 15% da farinha de trigo da receita e acrescente a diferença. O cacau em pó 100 % tem a característica de desidratar a massa. Neste caso, para agregar umidade à massa, substitua 50% do açúcar refinado da receita por açúcar mascavo. O xarope que esse açúcar contém irá deixar a massa úmida, além de agregar sabor.
5. Para saborizar com especiarias, leve o leite para aquecer com cravo, canela, cardamomo, gengibre, etc. Deixe o leite esfriar, coe e utilize o leite aromatizado para o preparo da massa.

Dicas

- Para todos os bolos, utilize sempre os ingredientes em temperatura ambiente.
- Acrescente o leite em fio; isso auxilia a emulsão do leite aos ovos sem perder o volume ou alterar a estrutura.
- Acrescente cremor de tártaro na quantidade de 1% do peso total dos ovos da receita para estabilizar os ovos em neve.

> MASSAS / MASSA ESPUMOSA <

Chiffon

Ingredientes	Quantidade
Clara de ovos	165 g
Açúcar refinado (1)	60 g
Açúcar refinado (2)	40 g
Cremor de tártaro	1 g
Gemas de ovos	55 g
Óleo de girassol	50 mL
Leite	70 mL
Farinha de trigo	70 g
Fermento químico	4 g
Amido de milho	15 g

O bolo chiffon foi criado na década de 1950, nos Estados Unidos, por Harry Baker, que fabricava e comercializava este tipo de bolo para celebridades e restaurantes da região. Vinte anos depois, Baker se associou à indústria de alimentos General Mills e revelou a fórmula: no lugar da manteiga, ele utilizava óleo vegetal. Como o óleo vegetal é líquido, o bolo não endurece mesmo em temperaturas baixas, como ocorre quando se faz com manteiga. No Japão, o bolo ganhou novos sabores, servidos sempre com chás e em fatias grandes. Em sua fabricação, são necessários alguns cuidados técnicos para não perder a aeração, tais como: deixar esfriar de cabeça pra baixo, ainda na forma, para auxiliar na estabilidade das bolhas de ar na massa; e não untar a forma (até mesmo devido ao processo de esfriamento).

Modo de preparo:

1. Preaqueça o forno a 180 °C.
2. Separe uma forma de bolo chiffon alta; lembre-se de não untar a forma.
3. Misture o cremor de tártaro no açúcar refinado (1).
4. Bata em neve as claras com o açúcar refinado e o cremor até obter um ponto de pico firme. Desligue a batedeira e reserve as claras em neve (esse é o merengue francês).
5. Separadamente, bata as gemas com o açúcar refinado (2) até obter um creme claro.
6. Adicione o óleo em fio na mistura de gemas.
7. Adicione o leite em fio na mistura de gemas com óleo.
8. Peneire os ingredientes secos e acrescente-os à mistura base das gemas.
9. Incorpore o merengue francês à base de gemas delicadamente para não perder volume.
10. Coloque a massa na forma de chiffon.
11. Leve para assar por cerca de 40 minutos ou até que você consiga espetar um palito e vê-lo sair limpo.

12. Retire do forno, vire a forma de cabeça para baixo na base ou em uma grade e deixe esfriar.
13. Para retirar o bolo da forma, basta passar uma espátula angular para desgrudar as laterais.

Saborização:

1. Saborize a massa adicionando pasta saborizante ao leite da receita, de acordo com a quantidade orientada pelo fabricante.
2. Adicione 40 g de oleaginosas picadas ao final da massa pronta.
3. Para obter o chiffon de chocolate, reduza a farinha de trigo para 50 g e acrescente 20 g de chocolate em pó.
4. Quando homogeneizar a massa, sempre misture os preparos mais leves por cima dos mais pesados.
5. Para saborizar com especiarias secas ou frescas (erva-doce, canela, cravo, capim-santo, etc.), leve o leite para ferver com a especiaria; depois de esfriar, coe e utilize o leite aromatizado para o preparo do bolo.
6. Adicione raspas de frutas cítricas (laranja, limão-siciliano ou taiti) ao final.

Dicas

1. Utilize um óleo vegetal de sabor neutro, como canola. Evite realizar o preparo com óleo de coco ou soja, pois pode intensificar o sabor.
2. Pese as gemas após separá-las das claras.
3. Uma alternativa para substituir o cremor de tártaro é utilizar, na mesma dosagem, suco de limão ou vinagre. Ambos são ácidos e é isso que faz a diferença para garantir a estrutura nas claras em neve.

> MASSAS <

MASSA CREMOSA

A massa cremosa, ou massa amanteigada, é feita a partir do chamado "método cremoso", cujo nome vem do inglês: creaming method (pâte à cake, em francês).

É uma técnica de preparo utilizada na confeitaria e padaria para homogeneizar/misturar os ingredientes. Esse processo começará sempre com instruções para "bater a manteiga com o açúcar até obter um creme bem fofo".

Os bolos amanteigados são leves e fofos, mas possuem boa estrutura, ou seja, suportam outros andares de bolos e coberturas mais densas.

Pontos importantes sobre a massa amanteigada

Qualidade e temperatura da manteiga

Você deve utilizar uma manteiga de qualidade para agregar sabor à massa. Como esse é um ingrediente protagonista, é necessário buscar os melhores produtos; outra dica é usar sempre a manteiga sem sal.

Para obter um creme fofo e uniforme, a manteiga deve estar em temperatura ambiente, ou seja, em ponto pomada, macia quando pressionada. Não leve a manteiga ao micro-ondas, pois isso prejudica a estrutura do ingrediente, que irá derreter. Para obter o creme perfeito, a textura cremosa da manteiga é essencial.

Adição dos ovos

Para criar a estrutura da massa, é necessário adicionar os ovos um a um, o que resultará em uma textura mais elástica. A emulsão da gordura da manteiga com os ovos produzirá uma massa homogênea.

Adição da farinha de trigo

É importante peneirar a farinha de trigo sempre que for misturar os ingredientes secos (fermento, cacau, chocolate em pó). Esse processo quebra os grumos formados devido à umidade ambiente e promove uma homogeneização uniforme.

> MASSAS / MASSA CREMOSA <

Massa amanteigada

Ingredientes	Quantidade
Manteiga sem sal	200 g
Açúcar cristal	250 g
Ovos	5 unidades
Leite integral	70 g
Farinha de trigo	180 g
Fermento químico	8 g

Modo de preparo:

1. Preaqueça o forno a 180 °C.
2. Separe 2 formas ou aros de 20 cm x 5 cm. Coloque papel-manteiga no fundo. Não unte as laterais.
3. Bata a manteiga, em ponto pomada, com o açúcar cristal na batedeira até obter um creme fofo.
4. Acrescente os ovos e bata até ficar homogêneo.
5. Acrescente o leite morno em fio.
6. Incorpore os ingredientes secos peneirados.
7. Despeje a massa por igual nas formas e leve para assar por cerca de 25 minutos ou até que você consiga espetar um palito e vê-lo sair limpo.
8. Retire do forno. Caso você note um leve abaulamento* na massa, desenforme ainda quente e deixe esfriar de cabeça para baixo.

Saborização:

1. Como é uma massa estruturada, você pode substituir 35% da farinha de trigo por outros farináceos, como de amêndoas, cenoura, coco ou mesmo farinha de beterraba para obter a coloração do red velvet.
2. Substitua 100% do líquido por suco concentrado para obter sabores diferentes.
3. Se quiser fazer uma massa de chocolate, diminua a farinha de trigo para 120 g e acrescente 60 g de chocolate em pó.
4. Aromatize o leite com especiarias secas ou frescas: leve-o para aquecer com as especiarias (cravo, canela, capim-santo), coe, espere esfriar e utilize o leite aromatizado.

---

* **Abaulamento**: é quando se forma uma "barriga" ou "topo" no centro do bolo que não o deixa reto.

Massa amanteigada feita pelo método tradicional (cremoso)

Dicas

1. Com essa massa, você pode fazer cupcakes.
2. Para intensificar a tonalidade do chocolate em pó na massa, acrescente 3% de bicarbonato em relação ao peso do fermento químico.
3. O açúcar cristal para as massas densas resulta em um bolo mais fofo. O tempo de caramelização do açúcar na massa dentro do forno é relativo à granulometria (tamanho) do grão do açúcar.
4. O açúcar refinado tem o grão pequeno em comparação ao cristal; com isso, sua caramelização no processo de cocção da massa se torna mais rápida. Durante a cocção, a partir do momento que o açúcar carameliza, o bolo não cresce mais, ou seja, a massa não se desenvolve mais. Como o açúcar cristal demora mais tempo para derreter, ganhamos mais tempo de crescimento do bolo no forno, resultando em uma massa mais fofa. O teor de doçura dos dois açúcares é igual, então, é possível substituí-los e utilizar a mesma quantidade.

> MASSAS / MASSA CREMOSA <

Massa método reverso

Ingredientes	Quantidade
Manteiga sem sal	200 g
Açúcar refinado	250 g
Ovo	5 unidades
Leite morno	70 g
Farinha de trigo	180 g
Fermento em pó	10 g

Para fazer bolos amanteigados densos, você pode utilizar o "reverse creaming method" (método cremoso reverso), uma técnica para homogeneizar os ingredientes e garantir uma textura mais leve no bolo.

O método cremoso reverso é projetado para inibir a formação do glúten e produzir um bolo mais macio. A manteiga impermeabiliza os grânulos de farinha, protegendo-a da umidade dos ingredientes líquidos e impedindo a formação do glúten.

O método reverso consiste em três passos: o primeiro é misturar todos os ingredientes secos na batedeira com o globo; o segundo é acrescentar a manteiga derretida fria; e o terceiro é adicionar os líquidos da receita. Lembrando que, no método cremoso clássico, é necessário primeiramente bater a manteiga com açúcar, depois acrescentar os ovos e líquidos, e, por último, os secos.

Modo de preparo:

1. Preaqueça o forno a 180 °C.
2. Separe dois aros ou formas de 15 cm x 5 cm.
3. Derreta a manteiga e deixe-a amornar.
4. Separadamente, misture todos os líquidos da receita.
5. Coloque todos os secos na batedeira e misture-os na velocidade 1.
6. Acrescente a manteiga derretida morna e, de uma única vez, os líquidos.
7. Bata até obter uma massa homogênea.
8. Despejar em 2 aros ou formas, deixando 450 g em cada.
9. Leve para o forno preaquecido a 180 °C por cerca de 30 minutos.
10. Verifique se o bolo está pronto por meio do método do toque ou palito.
11. Retire do forno e espere amornar antes de desenformar.

Saborização:

1. Para saborizar o bolo com chocolate em pó ou outro tipo de farináceo, diminua 30% da quantidade de farinha de trigo total da receita e acrescente o sabor específico.
2. Adicione pasta saborizante diluída nos líquidos da receita, utilizando a quantidade sugerida pelo fabricante.
3. Saborize o leite da receita com ervas frescas ou secas: leve-o para ferver com a especiaria, coe e utilize o leite aromatizado.
4. Acrescente, ao final, 10% do peso total da receita de oleaginosas trituradas, granulados ou outros insumos, para agregar sabor e crocância à massa.

Massa amanteigada feita pelo método reverso

Red velvet

Sabe quando falamos que, muitas vezes, as boas ideias, inovações e evoluções surgem de determinadas dificuldades? Não somente pela dificuldade em si, mas sabemos que é de suma importância que haja maestria em gerenciar as dificuldades com uma pitada de talento e criatividade. E esse foi o caso do bolo red velvet!

O red velvet surgiu na região sul dos Estados Unidos. No período da Segunda Guerra Mundial, não era possível encontrar com facilidade alguns produtos; assim, a necessidade de adaptar as receitas era enorme. Uma das alterações foi substituir o açúcar pela beterraba nos bolos.

Red velvet original, feito com beterraba

O bolo se tornou extremamente popular e, mesmo após o período da Segunda Guerra Mundial, continuou agradando ao público. E os confeiteiros encontram outra opção para manter a pigmentação da massa: adicionar corante alimentício vermelho.

Para garantir a coloração vermelha, utiliza-se farinha de trigo orgânica. O diferencial aqui é que esse tipo de farinha não passa pelo processo de lavagem com branqueadores, como acontece com a farinha de trigo comum. Esses branqueadores, em contato com a betânia da beterraba, não permitem que a massa fique vermelha. Caso seja utilizada a farinha comum, a coloração do bolo ficará mais parecida com marrom.

A escolha do chocolate em pó para a receita faz toda a diferença em sua pigmentação. O cacau natural é a melhor opção, pois o cacau alcalino é passado pelo processo de alcalinização, ou seja, lavado com uma mistura que neutraliza seus ácidos, o que deixa o bolo mais escuro, alterando a coloração característica da massa.

Red velvet com adição de corante

> RED VELVET <

Red velvet original

Ingredientes	Quantidade
Beterraba	250 g
Suco de limão	20 mL
Óleo de canola	120 mL
Iogurte	200 g
Ovos	4 unidades
Farinha de trigo orgânica	280 g
Açúcar cristal	250 g
Fermento em pó	12 g
Bicarbonato de sódio	4 g
Cacau em pó	15 g

Modo de preparo:

1. Asse as beterrabas no forno a 160 °C, até que fiquem macias.
2. No liquidificador, coloque as beterrabas, o iogurte, os ovos, o óleo e o suco de limão e bata até obter uma textura cremosa.
3. Em um bowl ou tigela à parte, despeje a base cremosa e acrescente a farinha de trigo, o fermento e o cacau em pó peneirados.
4. Despeje a mistura em dois aros de 15 cm x 5 cm e leve-os para assar em forno preaquecido a 180 °C por cerca de 30 minutos.
5. Espere esfriar para desenformar.

Você sabia?

Dependendo da época e da colheita da beterraba, a coloração da massa pode se alterar, ficando em tom mais roxo.

Quando feito com beterraba, o red velvet pode ficar com essa cor mais próxima do marrom.

> RED VELVET <

Red velvet com corante

Ingredientes	Quantidade
Farinha de trigo	280 g
Leite integral	240 mL
Açúcar refinado	270 g
Manteiga sem sal	200 g
Ovos	3 unidades
Chocolate em pó	10 g
Fermento em pó	12 g
Corante vermelho em gel	6 g
Extrato de baunilha	2 g
Vinagre	10 mL

Modo de preparo:

1. Preaqueça o forno a 160 °C.
2. Misture o leite com o vinagre e reserve; esse será o nosso buttermilk.
3. Peneire a farinha de trigo, o chocolate e o fermento.
4. Bata a manteiga com o açúcar até obter uma textura esbranquiçada.
5. Acrescente os ovos e continue batendo.
6. Intercale o buttermilk com os ingredientes secos e o extrato.
7. Ao final, acrescente o corante alimentício até obter a cor desejada.
8. Despeje a massa em dois aros de 15 cm x 5 cm e leve para assar por aproximadamente 30 min.
9. Retire do forno e deixe esfriar.

Você sabia?

Por questões de praticidade, sazonalidade e estética, atualmente, o red velvet recebe essa coloração vermelha por meio de corantes alimentícios.

Bolo red velvet com seu característico tom avermelhado.

> RED VELVET <
Cream cheese frosting

Ingredientes	Quantidade
Cream cheese em temperatura ambiente	200 g
Manteiga sem sal	50 g
Açúcar de confeiteiro	480 g
Raspas de limão-siciliano	q.b.*
Fava de baunilha	½ unidade

Modo de preparo:

1. Levar para a batedeira o cream cheese, a manteiga, as raspas do limão e o extrato de baunilha. Bata com a raquete até obter uma textura cremosa.
2. Adicione aos poucos o açúcar de confeiteiro até obter a textura desejada.

Dicas

1. Se preferir, substitua uma parte da farinha de trigo (cerca de 30%) por farinha de beterraba ou anis-estrelado em pó para intensificar a pigmentação. O anis-estrelado em pó também irá conferir um sabor fresco ao bolo, além da pigmentação.
2. A função do buttermilk é agregar sabor e deixar a massa mais leve devido à acidez.
3. Você pode utilizar o cream cheese como recheio ou cobertura. Se for usá-lo para a cobertura, troque o açúcar de confeiteiro por açúcar impalpável: como este contém amido, o processo de secagem auxilia na espatulagem do bolo.
4. O principal diferencial deste bolo é a pigmentação. Para não correr o risco de queimar as laterais, devido ao açúcar em sua composição, asse a 160 °C.

---

* **q.b.**: quanto baste, o quanto você achar suficiente.

Bolo de cenoura

Ingredientes	Quantidade
Cenoura descascada	350 g
Ovos	4 unidades
Óleo de canola	180 g
Açúcar refinado	300 g
Amido de milho	110 g
Farinha de trigo	300 g
Fermento químico	12 g

Na obra da escritora Molly O'Neill, New York Cookbook (1992), a escritora cita que George Washington, primeiro presidente dos Estados Unidos, comeu um bolo de cenoura no Fraunces Tavern, restaurante histórico de Nova York, em 1783. A data é conhecida como o "dia da evacuação", quando o exército britânico deixou os Estados Unidos ao final da Guerra Revolucionária Americana.
Existem algumas diferenças entre o bolo de cenoura do Brasil e dos Estados Unidos: o estadunidense leva canela, noz-moscada, gengibre em pó, açúcar mascavo, nozes e as cenouras são raladas; assim, o bolo não fica tão laranja quanto o brasileiro.

Modo de preparo:

1. Preaqueça o forno a 180 °C.
2. No liquidificador, acrescente as cenouras cortadas, o açúcar, o óleo e os ovos. Bata até ficar homogêneo.
3. Passe a base anterior para uma tigela ou bowl e acrescente a farinha, o amido e o fermento peneirados. Misture até ficar homogêneo.
4. Unte uma forma de 20 cm de diâmetro e coloque a massa.
5. Leve para assar por aproximadamente 30 minutos ou até que, ao inserir um palito, ele saia limpo.
6. Deixe esfriar.

Dicas

1. Pesar as cenouras padroniza a textura do bolo.
2. Antes de levar ao forno, acrescente, na massa já pronta, 80 g de granulado, para que o bolo de cenoura fique com efeito formigueiro.
3. Utilize as cenouras com casca, uma vez que isso não altera o resultado do bolo; assim, não desperdiçamos nada.
4. A adição do amido de milho é para deixar a massa leve e fofa.
5. Use o óleo de sua preferência, mas o de coco e de soja deixarão um sabor residual na massa.

Bolo de cenoura com cobertura de chocolate já é um clássico brasileiro.

> MASSAS <

MASSAS QUEBRADIÇAS

Massa quebradiça são as feitas à base de gordura e farinha de trigo, e ficam com o aspecto arenoso. O resultado dessa receita é uma massa extremamente crocante.

As massas feitas à base de farinha de trigo e manteiga surgiram na Idade Média. A primeira receita registrada de massa quebradiça está no livro *The forme of cury*, publicado em 1390.

Para obter o resultado perfeito das massas quebradiças, é necessário o equilíbrio entre os principais ingredientes: farinha de trigo, ovo e manteiga. Cada ingrediente tem sua função: a farinha de trigo auxilia na estrutura da massa – seu aspecto quebradiço requer desenvolvimento mínimo de glúten, o que é alcançado com mais facilidade utilizando farinhas de baixo teor de proteína (glúten). Já a gordura (manteiga e gema) agrega maciez e umidade para a massa; além disso, caso seja aplicado o método sablage, ela impermeabiliza e protege a farinha de trigo da absorção rápida da umidade, ou seja, impede a formação do glúten.

A temperatura ideal para trabalhar com a manteiga na massa é entre 15 °C a 20 °C. A água, em doses pequenas, é essencial para a homogeneização da massa. Existem alguns tipos de massa quebradiça, e a diferença entre elas é a proporção dos ingredientes.

É necessário atentar para alguns pontos importantes, como:
- utilizar a manteiga gelada para facilitar a manipulação;
- assar a massa congelada para que as laterais não cedam;
- furar a massa com um auxílio de um garfo no fundo da forma, para que ela não estufe durante a cocção;
- adicionar bicarbonato de amônia para manter a crocância por mais tempo.

Vejamos a seguir as massas quebradiças.

> MASSAS / MASSAS QUEBRADIÇAS <

Massa brisée

Ingredientes	Quantidade
Farinha de trigo	220 g
Manteiga sem sal	150 g
Ovo	1 unidade
Sal	2 g

Característica extremamente quebradiça devido ao alto teor de manteiga na sua composição: chega a quase 60% em relação à farinha de trigo.

Massa sablée

Ingredientes	Quantidade
Farinha de trigo	300 g
Sal	1 g
Manteiga sem sal	150 g
Açúcar refinado	120 g
Ovo	1 unidade

Sablée, em francês, significa areia. E essa é a característica da massa: similar à sucrée, porém com uma dosagem inferior de açúcar.

Massa sucrée

Ingredientes	Quantidade
Farinha de trigo	300 g
Açúcar refinado	180 g
Manteiga sem sal	150 g
Ovo	1 unidade
Sal	0,5 g

Tem como característica ser doce e mais estruturada em comparação com as anteriores. Devido à quantidade de açúcar, sua caramelizarão é mais intensa; com isso, a coloração e estruturação se tornam mais firmes e densas.

> MASSAS / MASSAS QUEBRADIÇAS <

Métodos de preparo:
Crémage

A técnica de preparo influencia na textura final da massa. Esse método consiste em bater a manteiga com o açúcar na batedeira até obter um creme fofo e leve. Assim, é possível obter uma massa mais leve e fofa, ideal para biscoitos e tortas que recebem recheios mais leves.

Modo de preparo:

1. Preaqueça o forno a 180 °C.
2. Na batedeira, bata a manteiga e o açúcar até virar um creme.
3. Adicione o ovo até obter um creme homogêneo.
4. Ainda na batedeira, na velocidade mínima, acrescente a farinha de trigo e o sal. Bata até obter uma massa homogênea.
5. Abra a massa, faça furos com o garfo e leve para o freezer.
6. Leve a massa ainda congelada ao forno e deixe-a assar até que fique seca (toque com cuidado na massa para sentir se está seca).

> MASSAS / MASSAS QUEBRADIÇAS <

Métodos de preparo:
Sablage

Esse método consiste em fazer uma farofa com a farinha de trigo e a manteiga; isso ajuda a impermeabilizar a farinha de trigo para que não se forme o glúten. O resultado é uma massa extremamente crocante, ideal para tortas com recheios mais cremosos.

Modo de preparo:

1. Preaqueça o forno a 180 °C.
2. Em um recipiente, coloque a farinha de trigo, o sal e a manteiga.
3. Com a ponta dos dedos, misture até obter uma textura de farofa.
4. Adicione o açúcar refinado e continue mexendo, acrescente o ovo e misture até obter uma massa homogênea.
5. Leve a massa ainda congelada ao forno e deixe-a assar até que fique seca (toque com cuidado na massa para sentir se está seca).

Dicas

1. Para abrir a massa, o ideal é posicioná-la entre dois pedaços de plástico filme ou dentro de um saco para congelar. Para evitar que o plástico deslize pela bancada enquanto você abre a massa, passe um pano molhado na bancada antes de abrir o plástico sobre ela.
2. A espessura da massa é relativa ao diâmetro da forma: quanto menor a forma, mais fina deve ficar a massa. Em média, para uma forma canelada de 15 cm, você deve deixar a massa em 0,5 cm de espessura.
3. Antes de levar para assar, é necessário congelar a massa na forma. Desse jeito, a manteiga não irá derreter no forno enquanto a massa cozinha, o que deixará as bordas intactas.
4. Fure a massa com um garfo: isso permitirá a passagem do ar e a massa não ficará estufada.
5. Substitua 20% da farinha de trigo por outro tipo de farináceo, como amêndoas, amendoim, chocolate, etc. Assim, você conseguirá outros sabores de tortas.
6. Recheie sempre a torta dentro da forma para evitar que as laterais rachem.
7. Se optar por realizar o método sablage em uma receita com volume grande, leve a farinha de trigo e a manteiga ao processador e misture até virar uma farofa.

Cookies

Ingredientes	Quantidade
Manteiga em ponto pomada	75 g
Açúcar mascavo	100 g
Açúcar refinado	100 g
Ovos	2 unidades
Fermento em pó	3 g
Bicarbonato de sódio	2 g
Farinha de trigo	250 g
Sal	1 g
Chocolate em gotas	115 g

Cookies são um tipo de doce clássico nos Estados Unidos, feitos à base de açúcar, farinha, ovos e manteiga, geralmente misturados com gotas de chocolate. A nomenclatura do doce vem da palavra holandesa "koekje", que significa bolo pequeno. Existem registros históricos mostrando que os primeiros biscoitos redondos amassados e assados em pequenas porções, similares ao cookie, foram feitos na Idade Média, na Europa. O cookie como o conhecemos hoje vem da América colonial. Há registros desses biscoitos clássicos americanos desde o século XVIII e início do século XIX, com uma receita que incluía manteiga, açúcar e ovos.

Modo de preparo:

1. Preaqueça o forno em 160 °C.
2. Bata na batedeira, com a raquete, a manteiga e os açúcares.
3. Acrescente os ovos e bata até ficar homogêneo.
4. Por último, coloque os ingredientes secos.
5. Misture delicadamente o chocolate meio amargo na massa.
6. Para a modelagem, utilize o boleador de sorvete molhado, retirando as porções por igual.
7. Disponha as porções em um tapete de silicone.
8. Leve para assar até a borda do cookie ficar crocante, mas mantendo o centro macio.
9. Retire do forno e deixe esfriar.

Dicas

1. Caso você deixe o centro dos cookies ficar crocante, corre o risco da massa secar e virar um biscoito.
2. Substitua as gotas de chocolate por oleaginosas, outros tipos de gotas de chocolate, pedaços de frutas vermelhas, frutas desidratadas, etc.
3. Substitua 30% da farinha de trigo da receita por farinha de beterraba e faça um cookie red velvet.
4. A adição do açúcar mascavo agrega umidade à massa.

Original dos Estados Unidos, o cookie conquistou o paladar brasileiro e de boa parte do mundo.

Gingerbread cookies

Ingredientes	Quantidade
Farinha de trigo	200 g
Manteiga sem sal	60 g
Açúcar mascavo	50 g
Canela em pó	7 g
Gengibre em pó	7 g
Cravo-da-índia em pó	2 g
Sal	1 g
Mel	30 mL
Ovo	1 unidade

O biscoito de gengibre tem origem nas receitas medievais europeias, sobretudo da Inglaterra, e foi criado a partir do pão de gengibre lebkuchen, tradicionalmente feito no Natal. Os holandeses intensificaram a identidade do pão para transformá-lo em biscoito. O gingerbread chama a atenção devido aos ingredientes e às especiarias: açúcar mascavo, canela, gengibre e cravo-da-índia. É muito popular nos Estados Unidos na época do Natal, geralmente decorado com os desenhos de contorno feitos de glacê real colorido.

Modo de preparo:
Método cremage

1. Na batedeira, bata a manteiga com o açúcar mascavo até obter um creme fofo.
2. Adicione as especiarias e o mel.
3. Acrescente o ovo e misture a massa até ficar homogênea.
4. Adicione a farinha de trigo com o sal.
5. Abra a massa entre dois pedaços de plástico filme e leve para a geladeira até a manteiga endurecer.
6. Corte os biscoitos com um cortador de gingerbread e coloque-os sobre uma assadeira com um tapete de silicone.
7. Leve para assar até que as extremidades do biscoito fiquem secas.
8. Deixe esfriar e decore os biscoitos.

Você sabia?

Você pode decorar seus bonequinhos de gingerbread com glacê real ou chocolate pigmentado com corante, por exemplo.

Os gingerbread cookies são muito comuns durante o Natal.

> MASSAS / MASSAS QUEBRADIÇAS <

Massa quebradiça fria

Ingredientes	Quantidade
Bolacha de maisena	100 g
Manteiga sem sal	60 g

São massas que não têm necessidade de passar por cocção, ou seja, não precisam ir ao forno. A massa quebradiça fria é uma adaptação das clássicas francesas, feita à base de bolacha de maisena e gordura (manteiga), processada no liquidificador.
A manteiga, além de agregar o sabor característico da massa quebradiça, auxilia a impermeabilizar a bolacha triturada para que ela não perca a crocância em contato com a umidade do recheio.
É interessante analisar a possibilidade de recorrer à massa quebradiça fria de acordo com a demanda de produção na confeitaria, pois isso facilita o processo operacional.

Modo de preparo:

1. Processe a bolacha de maisena no liquidificador até que fique bem fina.
2. Misture-a com a manteiga gelada até conseguir uma massa homogênea.
3. Com essa mistura, forre o fundo da forma.

Massa choux com recheio de creme de confeiteiro.

> PÂTE À CHOUX <

Pâte à choux

Ingredientes	Quantidade
Água	170 mL
Manteiga sem sal	65 g
Farinha de trigo	100 g
Ovos	3 unidades

O termo "choux" tem origem francesa: significa repolho e refere-se à forma irregular da massa quando assada. A massa choux é uma das preparações clássicas da confeitaria francesa. Ela é cozida duas vezes: no início, o cozimento tem como objetivo secar a massa; depois, ela precisa ser assada para crescer e ficar oca, para então ser recheada com cremes. A partir dessa massa, podemos fazer algumas produções diferentes, como bomba ou éclair, carolinas, choux cream, profiteroles, croquembouche, paris-brest e churros.

Modo de preparo:

1. Faça o *mise en place*.
2. Preaqueça o forno em 180 °C.
3. Coloque a água e a manteiga em uma panela e leve ao fogo até ferver.
4. Adicione a farinha de trigo de uma só vez e mexa bem.
5. Cozinhe a massa até que ela desgrude da panela.
6. Coloque a mistura na batedeira e bata até esfriar (ou leve a massa para a geladeira, para resfriar rapidamente, e bata depois). Adicione os ovos vagarosamente, até obter o ponto de fita.
7. Disponha a mistura em um saco/manga de confeitar.
8. Com o saco de confeitar, faça o formato desejado em uma forma untada com manteiga e coberta com papel-manteiga ou tapete de silicone. Outra opção é, com o auxílio da manga de confeitar, aplicar a massa dentro de formas para chocolate (policarbonato ou acetato) redondas e untadas com desmoldante; congele e, em seguida, desenforme, garantindo um padrão de tamanho.
9. Asse a 180 °C até firmar e dourar. Depois, diminua a temperatura para 150 °C, para que a masse seque internamente. A choux estará pronta quando o fundo estiver seco e firme.

> PÂTE À CHOUX <

Dicas

1. O ponto de fita é quando a massa cai da raquete da batedeira e forma uma ponta longa, sem quebrar, como uma fita de cetim.
2. A água tem a mesma densidade em gramas ou mL, ou seja, quando a receita pede água, podemos pesar ou medir a quantidade pedida.
3. O ponto deve ficar com a aparência que vemos na imagem, formando uma fita quando você puxar a massa.

> PÂTE À CHOUX <
Craquelin

Ingredientes	Quantidade
Farinha de trigo	80 g
Farinha de amêndoas	15 g
Açúcar refinado	80 g
Manteiga	70 g

Para a choux cream, é necessário acrescentar a craquelin por cima antes de assar; isso trará um aspecto de cobertura craquelada.

Modo de preparo:

1. Misture no processador a farinha de trigo, a farinha de amêndoas, o açúcar e a manteiga.
2. Abra a massa em cima do papel manteiga, tapete de silicone ou dentro de um saco de congelamento.
3. Corte a massa com o auxílio de um cortador, no tamanho da choux. Leve ao freezer até congelar.
4. Aplique a craquelin por cima da choux antes de assar.

Dicas

1. Você pode substituir a farinha de amêndoas por outro farináceo ou por chocolate em pó.
2. Para obter a massa choux de chocolate, substitua 15% da quantidade da farinha de trigo por cacau em pó.

Para as **bombas ou éclair**, você deve utilizar o seguinte formato:
- Com o auxílio de um bico de confeitar perlê número 10, faça riscos longos, com uma média de 10 cm a 12 cm de comprimento.

Para as **carolinas e os profiteroles**:
- Com o auxílio de um bico de confeitar perlê número 10, pingue a massa em gotas de 10 g a 20 g cada.

Para a **paris brest**:
- Com o auxílio de um bico de confeitar perlê número 10, faça o formato de uma rosca com, em média, 30 g a 50 g cada.

E para os **churros**:
- Com o auxílio de um bico de confeitar pitanga número 1M, faça riscos de, em média, 10 cm a 12 cm.

Merengue

"Snow" é um doce precursor popular na Idade Média. Sua receita foi registrada em 1691, no livro *Le Cuisinier royal et bourgeois*, de François Massialot, cozinheiro do rei Luís XIV – é o mesmo livro com a primeira receita de crème brûlée. Massialot descreve essa receita da mesma forma que o merengue: deve-se bater a clara com o açúcar até que eles fiquem como uma pequena bola de neve; depois, modelar com o auxílio de uma colher (quenelle) e levar para assar em forno bem baixinho. O merengue foi servido em quenelle até o século XVIII, quando o famoso chef francês Carême mudou sua forma de apresentação.

O merengue é feito à base de claras em neve em aeração com adição de açúcar. Para obter um resultado perfeito, é necessário que não haja nenhum tipo de gordura (gema) em contato com a clara. Para facilitar sua coagulação e auxiliar na estabilidade, utilizamos o cremor de tártaro ou ácido cítrico (0,05%). O cremor não interfere no volume e sabor das claras em neve.

Dependendo da finalidade, o ideal é substituir parcialmente o açúcar refinado pelo açúcar de confeiteiro, o que deixará a receita mais leve e sem o risco de uma consistência arenosa devido à granulometria do açúcar refinado.

O ponto ideal para parar de bater depende do preparo: se for para homogeneizar e agregar volume, pare a batedeira no ponto de pico mole; mas, se for para fazer coberturas e trabalhar com bico de confeitar, deixe batendo por mais um tempo, até obter a textura de pico firme.

O que diferencia os tipos de merengue é a técnica de preparo, que se divide em: merengue francês, merengue suíço e merengue italiano.

> MERENGUE <

Merengue francês

	Clara	Açúcar refinado	Água
Merengue francês	90 g	180 g	–

French merengue, em inglês, e la meringue française, em francês. É considerado como um merengue "cru", feito somente a partir das claras em neve com o açúcar na batedeira até obter o ponto de pico firme. Para não correr risco em questões de contaminação (salmonela), é importante passar por cocção posterior. Ou seja, devemos utilizá-lo para receitas que vão ao forno: suspiro, base para bolos, etc.

Modo de preparo:

1. Leve as claras para a batedeira em velocidade média até dobrar de volume.
2. Acrescente o açúcar aos poucos.
3. Deixe bater até atingir ponto de pico firme.

Merengue suíço

	Clara	Açúcar refinado	Água
Merengue suíço	90 g	180 g	–

Em inglês, é chamado de swiss meringue e, em francês, la meringue suisse. É classificado como merengue "cozido", com consistência firme e estável. Feito à base de claras de ovo e açúcar levados ao fogo em banho-maria ou diretamente, sem parar de mexer, até atingir a média de 60 °C ou a diluição os grânulos de açúcar. Em seguida, o preparo é levado para a batedeira até esfriar ou obter o ponto de pico firme. Esse merengue é utilizado para cobrir bolos, tortas e fazer cremes de manteiga.

Modo de preparo:

1. Leve ao fogo direto, ou em banho-maria, as claras misturadas com o açúcar refinado.
2. Não pare de mexer até atingir a temperatura média de 60 °C ou diluir os grânulos de açúcar.
3. Despeje a clara cozida na batedeira e bata até obter o ponto de pico firme.

> MERENGUE <
Merengue italiano

	Clara	**Açúcar refinado**	**Água**
Merengue italiano	90 g	180 g	60 g

Em francês, é chamado de la meringue italienne. Para o preparo deste merengue, é necessário fazer uma calda de açúcar em 112 °C para cozinhar as claras. Você deve levar bater as claras em neve até espumar e estabilizar. Após este processo, verta a calda em fio contínuo (rente à tigela da batedeira). Deixe bater até esfriar ou criar ponto de pico firme. O merengue italiano é utilizado no preparo de macarrons e coberturas de tortas e bolos, e seu rendimento é superior se comparado com o suíço.

Modo de preparo:

1. Faça uma calda com a água e o açúcar refinado até atingir 112 °C.
2. Bata as claras até ficar em ponto de neve.
3. Verta a calda de açúcar sobre as claras em fio contínuo.
4. Bata até esfriar ou atingir ponto de pico firme.

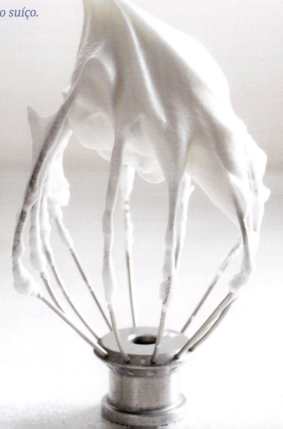

Marshmallow

Ingredientes	Quantidade
Gelatina	20 g
Água fria	110 mL
Açúcar refinado	320 g
Glucose	150 g
Mel	50 g
Açúcar invertido	50 g
Água (2)	80 g
Extrato de baunilha	5 g
Açúcar de confeiteiro	q.b.

Feito à base de glucose, gelatina e açúcar, este doce foi criado no ano 2000 a.C., no Egito Antigo. Era feito a partir da seiva de uma planta chamada marshmallow, com adição de mel. No século XIX, as doçarias francesas adaptaram a receita clássica, trocando a seiva por gelatina.
Nos Estados Unidos, anualmente, são fabricadas cerca de 41 mil toneladas de marshmallow. No Brasil, temos um doce semelhante ao marshmallow: a maria-mole, um clássico brasileiro com algumas adaptações locais.

Você sabia?

Apesar de, à primeira vista, os dois doces serem parecidos, o marshmallow fica com uma textura totalmente diferente da maria-mole. Além disso, o sabor também é distinto.

Modo de preparo:

1. Coloque um tapete de silicone em uma assadeira.
2. Hidrate a gelatina em pó: pulverize-a sobre a água e deixe hidratar. Depois, leve ao micro-ondas ou banho-maria para derreter.
3. Acrescente, em uma panela, o açúcar refinado, a glucose, o mel, o açúcar invertido e a água (2). Deixe cozinhar até obter a temperatura de 115 °C.
4. Despeje a mistura na batedeira e deixe amornar até chegar aos 100 °C. Acrescente a gelatina derretida e bata por cerca de 8 minutos.
5. Acrescente o extrato de baunilha e bata para homogeneizar.
6. Espalhe o marshmallow na assadeira com o auxílio de uma espátula untada com óleo.
7. Coloque outro tapete de silicone sobre o marshmallow e alise até ficar reto.
8. Deixe congelar o marshmallow. Depois, retire o tapete de silicone, polvilhe açúcar de confeiteiro sobre o marshmallow e corte no formato desejado.

Dicas

1. Quando o marshmallow ficar pronto, despeje-o em formas de acetato untadas e leve para congelar, para obter formatos diferentes.
2. Acrescente sabor ao marshmallow com pasta saborizante. Para a dosagem, é necessário verificar a indicação do fabricante.

Marshmallows salpicados com açúcar de confeiteiro.

MOUSSES

Em tradução literal do francês, mousse significa "espumoso" ou "leve".

Para fazer uma mousse, é necessária uma base, como um purê de frutas, creme saborizado ou uma ganache. A essa base, adicionamos um preparo que garante uma textura espumosa (aeração), como creme de leite fresco batido fouettée, chantilly ou merengue. A homogeneização desses ingredientes deve ser feita de forma delicada para evitar comprimir as bolhas de ar características do preparo.

Para evitar qualquer tipo de contaminação (como a salmonela), o indicado é produzir o merengue com claras ou gemas pasteurizadas.

Estabilizadores ou gelificantes, como gelatina e ágar, podem ser utilizados em quantidades variáveis, dependendo do resultado da estrutura desejada do preparo.

Para melhor homogeneização, é importante que os preparos, como merengue, chantilly, chocolate ou purê de frutas, estejam em temperatura ambiente. O choque térmico (quente/ frio) pode causar texturas indesejáveis para a mousse.

Para bater o creme de leite fresco, é necessário que ele esteja gelado, pois assim garantimos estabilidade e o ponto de pico firme.

O sabor da base precisa estar forte, pois, após adicionar o preparo para dar volume e aeração, o sabor da receita ficará mais leve. Use uma espátula de silicone para misturar todos os componentes, para assegurar a retenção do volume.

É imprescindível que, logo após a homogeneização dos preparos, a mousse seja acondicionada ao recipiente em que será servida. Dessa forma, evitamos que a mousse fique sem refrigeração por muito tempo.

As bases das mousses podem ser agentes de areação; para isso, podemos usar como base o creme de leite fresco batido, os merengues suíço ou italiano e a patê à bombe.

A patê à bombe é uma mistura à base de gemas e açúcar. O processo de execução é similar ao dos merengues, mas substituindo a clara pela gema. O processo para fazer a patê à bombe pode ser feita ao modelo italiano ou suíço (como os merengues).

Para a patê à bombe suíça, é necessário levar as claras e o açúcar ao banho-maria até diluir os grânulos de açúcar. Em seguida, você deve verter o preparo na batedeira e bater até obter uma textura leve e esbranquiçada, similar à textura da maionese.

Já para o preparo da patê à bombe italiana, é necessário começar batendo as gemas na batedeira até obter um creme leve e só depois verter uma calda de açúcar com água a 112 °C em fio. Em seguida, bata até o preparo agregar ar e ficar esbranquiçado e frio.

A patê à bombe, diferente do merengue, confere um sabor diferente à mousse por conta da gordura contida nas gemas. Em contrapartida, o merengue agrega volume e textura mais espumosa em comparação com a patê à bombe.

A mousse é sinônimo de leveza e aeração.

> MOUSSES <
Mousse de chocolate

Ingredientes	Quantidade
Chocolate meio amargo	200 g
Creme de leite fresco	200 g
Pâte à bombe	
Açúcar refinado	55 g
Água	20 g
Gemas peneiradas	75 g

Modo de preparo:

1. Na batedeira, coloque as gemas peneiradas ou gemas pasteurizadas e bata até que fiquem aeradas.
2. Em uma panela, coloque o açúcar e a água e leve ao fogo até atingir 112 °C.
3. Despeje a calda em fio, rente ao bowl da batedeira, sobre as gemas.
4. Derreta o chocolate e incorpore na pâte à bombe.
5. Agregue o creme de leite batido delicadamente à base.
6. Disponha o preparo em refratários e deixe esfriar.

Dicas

Utilize outro tipo de chocolate para agregar sabores diferentes, como ruby, caramelo, branco, etc.

> MOUSSES <

Mousse de frutas

Ingredientes	Quantidade
Polpa de fruta (maracujá, framboesa)	150 g
Gelatina incolor sem sabor	8 g
Água para hidratar gelatina	30 g
Creme de leite fresco	150 g
Merengue italiano:	
Claras	65 g
Açúcar refinado	130 g
Água	45 g

Modo de preparo:

1. Coloque o açúcar e a água em uma panela para fazer a calda.
2. Quando a calda começar a ferver, despeje as claras na batedeira e bata, para aerar.
3. Quando estiver a 112 °C, verta a calda em fio rente ao bowl da batedeira sobre as claras em neve.
4. Bata até esfriar e obter o ponto de pico firme. Reserve.
5. Misture a polpa da fruta com o merengue.
6. Hidrate a gelatina: pulverizar sobre a água e deixar hidratar; depois, leve ao micro-ondas ou banho-maria para dissolver. Agregue em fio a gelatina ao merengue.
7. Por último, acrescente delicadamente o creme de leite fresco batido à mistura do merengue.

CALDAS

O açúcar, diluído em água ou puro, é base para muitos preparos na confeitaria e, dependendo da temperatura, altera a textura do preparo final. É bom lembrar também que o tipo de açúcar utilizado influencia o tempo de diluição.

Temperatura °C	Nome do ponto	Teste na água fria
101 °C – 110 °C	Calda base	Extremamente líquida, somente o açúcar diluído.
110 °C a 112 °C	Ponto de fio/pérola	Ao puxar com o auxílio de uma colher, forma um fio e, ao final, caem algumas gotas espessas.
112 °C a 115 °C	Bala mole	Cria uma bala mole e flexível quando em contato com a água.
118 °C a 120 °C	Bala firme	Cria uma bala resistente em contato com a água.
121 °C a 130 °C	Bala dura	Cria uma bala dura e rígida em contato com a água.
132 °C a 143 °C	Crosta mole	Fica em fios quebradiços em contato com a água.
149 °C a 154 °C	Crosta dura	Fica em fios resistentes e não quebra em contato com a água.
160 °C	Calda 1	Em contato com a água, endurece rapidamente e fica com coloração âmbar.
170 °C	Calda caramelo	Em contato com a água, endurece rapidamente e fica com coloração de caramelo escuro.

> CALDAS <
Calda de açúcar

Ingredientes	Quantidade
Açúcar refinado	100 g
Água	200 g

Modo de preparo:

1. Misture o açúcar e a água e leve ao fogo até atingir a textura e temperatura desejadas.

Dicas

1. Não mexer a calda com utensílios (espátula, faca, garfo) durante o processo de cocção para não cristalizá-la.
2. Se perceber que algum ponto de açúcar na lateral da panela está queimando, utilize um pincel com água para derretê-lo e não amargar a calda.
3. Utilize especiarias frescas ou secas na calda para saborizar. Aromatize primeiro a água da preparação, depois faça a calda com a água aromatizada.
4. Acrescente raspas de limão ou gotas de suco para reduzir o teor de doçura.
5. Para calda de bolo: saborize de acordo com a massa e recheio. Se for bolo de chocolate, por exemplo, acrescente 20 g (10% da quantidade de água) de chocolate em pó.

Praliné

Ingredientes	Quantidade
Açúcar refinado	500 g
Amêndoas torradas	250 g

No século XVII, um cozinheiro fez amêndoas torradas e carameladas e batizou o doce de Pralin, em homenagem ao seu duque Plessis Pralin. Com o tempo, algumas adaptações foram necessárias, como a alteração da oleaginosa escolhida. Essa receita é extremamente utilizada para obter uma textura crocante em recheios e coberturas. Mas, para chegarmos a essa crocância, é necessário atingir o ponto de caramelo do açúcar.

Modo de preparo:

1. Leve o açúcar à panela para caramelizar até atingir 165 °C.
2. Misture o açúcar e as amêndoas.
3. Coloque em um tapete de silicone ou uma pedra untada e deixar esfriar.
4. Leve ao processador até obter a granulometria ideal para seu preparo.

Dicas

1. Para conservar por mais tempo crocante, acrescente uma pitada de amido de milho após processar. O amido irá absorver qualquer umidade, mantendo a crocância da receita.
2. Utilize outras oleaginosas para obter sabores diferentes.

CREMES COZIDOS

Creme é o nome dado ao produto que tenha uma consistência espessa, nem líquida e nem sólida, e sim cremosa. Em grande parte das vezes, esse creme é utilizado como recheio ou cobertura.

Baba de moça

Brigadeiro

> CREMES COZIDOS <
Brigadeiro

O brigadeiro, feito à base de leite condensado, é um creme versátil para saborizar e é possível adequá-lo ao ponto que for necessário.

O leite condensado chegou ao Brasil com a marca chamada Milkmaid, em 1890, para servir como alternativa ao leite fresco nos lugares em que o abastecimento era problemático. Foi vendido em farmácias como "energético" e logo virou o conhecido "leite da moça": milkmaid era um termo difícil de pronunciar e o público brasileiro pedia o leite apontando para a moça desenhada no rótulo.

A partir desse processo, houve um marco histórico em que grande parte dos preparos à base de gemas e leite teve esse último ingrediente substituído pelo leite condensado, criando diversas receitas cozidas que conhecemos até hoje.

O leite condensado é feito à base de leite, outros ingredientes líquidos e açúcar. É levado a um processo de evaporação e resfriamento, feito inicialmente pela centrifugação do leite em um equipamento que gira 360°, até que todos os sólidos do leite fiquem depositados ao fundo e o líquido fique na parte superior. Após a decantação na centrífuga, ele passa por um filtro, para retirar as impurezas.

Em seguida, o leite é pasteurizado em um processo no qual é preciso aquecê-lo a 75 °C e resfriá-lo bruscamente para eliminar os microrganismos. Para promover maior viscosidade ao produto e estabilizar a proteína do leite, ele é colocado em um equipamento chamado trocador, que é aquecido a uma temperatura controlada. Quanto mais tempo ele permanece nesse tratamento térmico, mais viscoso fica.

Depois disso, a sacarose (açúcar) é adicionada ao leite, em média 175 g por litro. Em seguida, o leite com açúcar passa por um equipamento chamado concentrador, no qual é aquecido a 70 °C, até que 60% da água evapore.

Quando o leite chega a cerca de 30 °C, é adicionada a lactose em pó para evitar a cristalização; para finalizar, é feito um resfriamento súbito do produto até 18 °C. Assim, conseguimos obter um leite condensado em perfeitas condições.

Além do leite condensado para o preparo da massa cozida, é necessário acrescentar gordura, que pode ter como base a gordura animal (creme de leite ou manteiga). A escolha entre os tipos de gordura impacta no sabor final (aliás, tudo que é mais gorduroso é mais saboroso).

Os tipos de creme de leite que encontramos no mercado são:

- **Creme de leite UHT:** o processo pelo qual esse creme passa recebe o nome de "ultra high temperature" (processamento em alta temperatura) e consiste no tratamento térmico da matéria-prima pela exposição a temperaturas de aproximadamente 135 °C. Dessa forma, ele pode ser conservado por mais tempo. O creme final é composto por outros ingredientes, normalmente espessantes, aromatizantes, conservantes e, claro, o creme de leite, e apresenta somente 17% de gordura.
- **Creme de leite em lata:** tem, em sua composição, creme de leite e soro. Por causa do processo de armazenamento (em lata) e da presença do soro, conta com validade superior à do creme de leite fresco. Normalmente, esse tipo de produto contém de 20% a 25% de gordura.
- **Creme de leite fresco:** é o que possui o prazo de validade mais curto, pois é o próprio creme de leite pasteurizado. A proporção de gordura é, em média, de 30% a 35%, e tem como característica uma textura extremamente cremosa.

Vamos agora passar para a produção do brigadeiro.

Ponto do brigadeiro	Temperatura
Calda para bolo, textura cremosa e fluída	40 °C a 45 °C.
Textura para recheio, ponto de colher	72 °C a 78 °C.
Textura para enrolar	80 °C a 87 °C.

> CREMES COZIDOS / BRIGADEIRO <

Receita:

Ingredientes	Quantidade
Chocolate nobre	100 g
Leite condensado	395 g
Creme de leite fresco	100 g

Modo de preparo:

1. Faça o *mise en place*.
2. Em uma panela, coloque o leite condensado e o creme de leite fresco.
3. Mexa antes de ir ao fogo e cozinhe até obter o ponto de brigadeiro – em média, de 82 °C, para enrolar. Desligue a panela e acrescente o chocolate, aproveitando o calor residual.
4. Despeje em um recipiente, cubra com plástico em contato e deixe esfriar.
5. Porcione no tamanho desejado e enrole com as mãos untadas com água gelada.

Dicas

1. Saborize o brigadeiro pelo método de adição: ao final, coloque até 60 g do que quer obter de sabor. Por exemplo: castanhas, chocolates, pastas de oleaginosas.
2. Saborize pelo método de infusão: leve o creme de leite (fresco ou lata) para ferver com o sabor específico. Assim que ferver, desligue e deixe abafar por cerca de 10 minutos e misture esse creme ao leite condensado.
3. Se for utilizar insumos cítricos para saborizar, faça a base do brigadeiro, deixe-o esfriar e, depois, adicione os insumos escolhidos. Desse modo, você não corre o risco de talhar a massa.
4. Não pare de mexer quando a massa estiver no fogo. O processo de homogeneização é extremamente importante para obter um ponto cremoso.

> CREMES COZIDOS <

Creme de confeiteiro
e suas variações

Ingredientes	Quantidade
Leite integral	300 g
Fava de baunilha	½ unidade
Açúcar refinado	75 g
Gemas de ovos	50 g
Amido de milho	25 g

Nascido em Limoges, em 1660, e falecido em Paris, em 1733, François Massialot foi o cozinheiro de grandes nomes da corte, como Filipe I, Duque de Orléans (irmão de Luís XIV); o Duque de Aumont; o Cardeal d'Estrées; e o Marquês de Louvois. Massialot escreveu um dos primeiros livros clássicos da cozinha em 1705, chamado de Le cuisinier roïal et bourgeois. *Nesta obra, constam receitas clássicas, como crème brûlée e pasta de açúcar. Ele elaborou a técnica para extrair tragacanto* e, a partir desta substância e de corantes naturais à base de açafrão e íris azul, criou as primeiras flores de açúcar. Nesse livro, Massialot também tinha a receita do crème pâtissière, ou creme de confeiteiro, composto de gemas, açúcar, amido de milho ou farinha de trigo e leite. Algumas receitas têm a adição de manteiga e outras são saborizadas com baunilha. Esse creme pode ser utilizado para recheios e coberturas.*

---

*   **Tragacanto**: é o produto obtido depois da secagem das exsudações do tronco e dos ramos de algumas leguminosas do gênero Astragalus. Essa goma é usada como estabilizante, espessante, emulsificante e agente de suspensão em produtos alimentícios.

Modo de preparo:

1. Em uma panela, coloque o leite, a fava e o açúcar refinado e leve ao fogo até ferver.
2. Em um bowl ou tigela, coloque as gemas e o amido de milho e misture bem.
3. Realize o processo da temperagem: adicione o leite aos poucos à mistura das gemas e mexa bem.
4. Leve a mistura ao fogo até espessar.
5. Despeje em um recipiente e disponha o plástico filme em contato.

Dicas

1. Aproveite o calor residual da panela ao final da cocção e acrescente 100 g de chocolate ao leite, branco ou meio amargo.
2. O amido de milho, quando cozido, cria uma película na superfície dos cremes que, depois de frio, não se dissolve. Para que a massa não fique com essa película, colocamos o plástico filme em contato.

Esse creme nos dá a possiblidade de adicionar outros elementos e criar outras texturas e sabores, como:

Cremes:	Creme base:	Quantidade:
Crème mousseline	Creme de confeiteiro (1 receita)	+ 100 gramas manteiga
Crème diplomate	Creme de confeiteiro (1 receita)	+ 120 gramas creme fouettè
Crème chiboust	Creme de confeiteiro (1 receita)	+ (1 receita) merengue italiano
Crème frangipane	Creme de confeiteiro (1 receita)	+ 100 gramas de farinha de amêndoas

> CREMES COZIDOS <

Creme de caramelo salgado

Ingredientes	Quantidade
Açúcar refinado	180 g
Água	80 mL
Creme de leite fresco	135 g
Manteiga sem sal	60 g
Extrato de baunilha	4 g
Sal	0,4 g

O creme é feito à base de caramelo seco com adição de creme de leite e manteiga. Em inglês, é conhecido como salted butter caramel, e, em francês, como caramel au beurre salé. Em 1970, o chef Henri Le Roux foi premiado por desenvolver um doce de caramelo com manteiga salgada e avelã no norte da França. Em algumas partes da França, é utilizada a manteiga semissalgada, que contém, em média, entre 0,5% e 2% de sal. Já no norte da França, na Bretanha e Normandia, a manteiga pode conter um nível de sal superior a 3%. E há também adaptações dessa receita em outros países.

Modo de preparo:

1. Aqueça levemente o creme de leite no micro-ondas por 10 segundos.
2. Leve o açúcar e a água ao fogo até obter o ponto de caramelo (160 °C).
3. Adicione a manteiga ao caramelo e mexa.
4. Acrescente o creme de leite e mexa.
5. Adicione o sal ao final.
6. Reserve e, assim que esfriar, você pode utilizá-lo.

Dicas

1. Controle a temperatura do açúcar ao virar caramelo; se passar do ponto, ele pode amargar e queimar.
2. Caso você substitua o creme de leite fresco pelo UHT com 17% de gordura, acrescente mais 15 g de manteiga sem sal.

> CREMES COZIDOS <

Creme belga

Ingredientes	Quantidade
Leite condensado	395 g
Leite	500 mL
Amido de milho	30 g
Gemas	3 unidades
Fava de baunilha	½ unidade

O creme belga é uma adaptação do creme de confeiteiro: também contém leite, gemas e amido de milho, mas é uma releitura clássica com adição de leite condensado, o que o deixa mais doce.

Modo de preparo:

1. Dilua o amido de milho nas gemas.
2. Acrescente a essa mistura o leite integral, o leite condensado e a baunilha.
3. Leve ao fogo baixo e mexa até obter a textura do ponto napê.
4. Verta em um bowl ou tigela, coloque o plástico filme em contato e deixar esfriar.

Dicas

1. Sempre dilua o amido de milho fora do fogo.
2. Saborize o creme acrescentando, ao final, chocolate meio amargo, ao leite ou branco, pasta de oleaginosas ou frutas em pasta.
3. Você pode também saborizar pelo método de infusão: leve o leite ao fogo com especiarias (capim-santo, cardamomo, etc.). Assim que o leite ferver, desligue o fogo e passe-o pela peneira. Utilize o leite aromatizado para fazer o preparo.
4. Ao saborizar com frutas ácidas (limão, laranja ou maracujá), deixe o creme chegar no ponto, espere esfriar e, depois, acrescente o suco concentrado, para que o creme não fique talhado.
5. O ponto napê é aquele em que os cremes ficam densos e cremosos. Para identificá-lo, você deve passar uma colher no creme; assim que o creme se espalhar na parte de trás da colher, use algum utensílio para fazer um risco no meio das costas da colher. Se esse risco se mantiver intacto, ou seja, se o creme não escorrer para cobrir esse risco novamente, é sinal de que está no ponto napê.

Ponto napê demonstrado em uma porção de brigadeiro.

> CREMES COZIDOS <

Lemon curd

Ingredientes	Quantidade
Açúcar refinado	100 g
Amido de milho	20 g
Raspas de limão-siciliano	q.b.
Gemas	4 unidades
Água	180 mL
Suco de limão-siciliano	80 mL
Manteiga	20 g

Receita tradicional inglesa, o lemon curd foi desenvolvido para servir como um molho para bolos e scones. A palavra "curd" se refere ao processo de coagulação na cocção dos ovos, do açúcar e do suco de frutas ácidas até obter uma textura cremosa e espessa.

Modo de preparo:

1. Misture o açúcar refinado, o amido de milho, as raspas, as gemas, a água e o suco de limão em uma panela.
2. Leve ao fogo baixo e não pare de mexer.
3. Assim que atingir o ponto napê, desligue a panela, coloque a mistura em outro recipiente e adicione a manteiga.
4. Coloque o plástico filme em contato e deixe esfriar.

Dicas

1. Você pode utilizar outras frutas cítricas, como laranja, limão-taiti e maracujá.
2. O congelamento desse preparo não é indicado devido à adição do amido de milho.
3. A adição da manteiga ao final é para agregar sabor e brilho.
4. Retire a membrana das gemas, passando-as por uma peneira, ou substitua por gemas pasteurizadas.

> CREMES COZIDOS <

Baba de moça

Ingredientes	Quantidade
Açúcar refinado	350 g
Água	200 g
Canela em pau	1 unidade
Gema pasteurizada	240 g
Amido de milho	24 g
Leite de coco	200 g
Manteiga	10 g

A baba de moça é um doce brasileiro que tem origem na culinária portuguesa. A receita se baseia nos "ovos moles de Aveiro"; porém, ao chegar ao Brasil, ela passou por uma alteração importante: a adição de leite de coco, líquido branco e cremoso obtido por meio da trituração e prensagem da polpa do coco seco e água quente. Assim, a sobremesa se tornou um doce típico brasileiro e um dos favoritos da princesa Isabel, filha de D. Pedro II. É extremamente importante utilizar uma boa marca de leite de coco ao fazer essa receita: dependendo da marca utilizada, há o risco de o doce ficar com sabor residual de sabão de coco. Esse creme é tradicionalmente usado como recheio em bolos de nozes.

Modo de preparo:

1. Leve ao fogo o açúcar refinado, a água e a canela até obter a temperatura de 112 °C para fazer uma calda aromatizada.
2. À parte, em um bowl ou tigela, misture a gema, o amido e o leite de coco.
3. Faça a temperagem das gemas, ou seja, verta em fio a calda quente sobre elas, mexendo sempre.
4. Retorne a mistura ao fogo e deixe cozinhar até obter o ponto napê.
5. Acrescente a manteiga.
6. Passe o preparo para um bowl ou tigela, cubra com o plástico filme em contato e deixe esfriar.

Dicas

1. Utilize as gemas pasteurizadas para facilitar a padronização e evitar desperdícios.
2. A manteiga ao final é para agregar brilho ao preparo.

CREME DE MANTEIGA

Buttercream é um termo em inglês para designar o creme de manteiga. O confeiteiro parisiense Quillet criou o primeiro crème au beurre, ou creme de manteiga, feito à base do cozimento de gemas e uma calda de açúcar; quando essa mistura esfria, adicionam-se a manteiga e a baunilha.

Na confeitaria mundial, existem seis tipos de creme de manteiga: devido a condições climáticas e redução de custo em alguns preparos, há diversas adaptações nas receitas do creme. O buttercream alemão, por exemplo, é feito à base de creme de confeiteiro com adição de manteiga; o buttercream americano é feito à base de manteiga, açúcar de confeiteiro, leite e baunilha; o buttercream ermine (usado no bolo red velvet) é feito à base do cozimento de leite, farinha e açúcar até obter uma textura de creme, adicionando-se manteiga em seguida. Já o buttercream à base de merengues é o mais clássico no Brasil por conta da sua estrutura e resistência à oscilação de temperatura ambiente.

A seguir, temos a receita de dois tipos de creme de manteiga muito comuns na confeitaria: o suíço e o italiano.

Creme de manteiga suíço

Creme de manteiga italiano

> CREME DE MANTEIGA <

Creme de manteiga suíço

Ingredientes	Quantidade
Clara de ovo	200 g
Açúcar refinado	400 g
Manteiga sem sal em ponto pomada	400 g
Pasta saborizante, raspas de laranja e limão	q.b.

Modo de preparo:

1. Em uma panela, aqueça as claras com o açúcar em fogo baixo ou em banho-maria até atingir 60 °C ou até não sentir nenhum grumo de açúcar.
2. Despeje a mistura na batedeira e, com o globo, bata em velocidade média até obter ponto de pico firme ou atingir a temperatura de 40 °C. Leve para a geladeira para esfriar.
3. Leve o merengue frio para a batedeira e acrescente a manteiga em pomada aos poucos, até obter um creme homogêneo.
4. Caso o creme já finalizado seja levado para a geladeira e endureça, você pode aquecê-lo com o auxílio de um soprador térmico e depois levá-lo de volta para a batedeira até obter uma textura homogênea.

> CREME DE MANTEIGA <

Creme de manteiga italiano

Ingredientes	Quantidade
Clara de ovo	200 g
Açúcar refinado	400 g
Água	130 g
Manteiga sem sal em ponto pomada	400 g
Pasta saborizante, raspas de laranja e limão	q.b.

Modo de preparo:

1. Acrescente as claras na batedeira e bata, com o auxílio do globo, até obter as claras em neve.
2. Leve para a panela a água e o açúcar misturados e deixe aquecer sem mexer até chegar na temperatura de 112 °C.
3. Despeje a calda quente na temperatura de 112 °C em fio sobre as claras enquanto bate a mistura na batedeira.
4. Deixe bater até esfriar e obter o ponto de pico firme.
5. Acrescente a manteiga em pasta aos poucos e deixe bater até homogeneizar.
6. Se levar para a geladeira e endurecer, aqueça com o auxílio de um soprador térmico e volte para a batedeira até obter uma textura homogênea.

Dicas

1. Para saborizar o creme de manteiga, utilize pastas saborizantes ou produtos pastosos (café liofilizado diluído em pouca água, doce de leite, etc.).
2. Se você acrescentar a manteiga no merengue quente, ela irá derreter. Para chegar à textura ideal, leve o creme para a geladeira para endurecer.
3. Caso o creme de manteiga fique com aspecto de talhado por causa do resfriamento, basta levá-lo de volta à batedeira e bater até emulsionar novamente a gordura.

GANACHE

E quando a gostosura é feita sem querer? Um ingrediente é acrescentado por acaso em uma mistura e, *voilà*, nasce algo delicioso e usado até os dias de hoje. Foi o que ocorreu em 1850, em uma confeitaria na França: um aprendiz de confeitaria derrubou, sem querer, creme de leite sobre um tacho de chocolate. O chef, quando viu, ficou espantado e nervoso, chamando o rapaz de "ganache", que era um termo pejorativo em francês e significava algo como "tolo, incapaz". Mas a mistura deu certo, o termo ficou popular e passou a dar nome a essa receita.

A qualidade e a marca do chocolate influenciam no sabor final da ganache, e a quantidade de massa de cacau impacta na textura. A qualidade e o teor de gordura do creme de leite também são importantes, pois alteram a textura e o sabor do creme.

No mercado, é possível encontrar chocolate branco, ao leite, meio amargo e amargo com proporções diferentes de massa de cacau, manteiga de cacau e outros ingredientes, o que interfere no sabor do chocolate e, por consequência, das receitas.

Como já falamos anteriormente, o creme de leite é de origem animal e, dependendo do tipo (UHT, em lata ou fresco), contém porcentagens de gordura diferentes: UHT tem, em média, 17% de gordura; creme de leite em lata tem, em média, 20%; e o creme de leite fresco tem, em média, 30%. Essa diferença resulta em texturas e sabores diferentes na ganache.

Ganache de chocolate meio amargo

Ganache de chocolate ao leite

Ganache de chocolate branco

> GANACHE <

Ganache de chocolate branco

Ingredientes	Quantidade
Chocolate branco	500 g
Suco de frutas	100 g

Modo de preparo:

1. Em um bowl/tigela, misture o chocolate e o suco de frutas.
2. Leve os dois ao micro-ondas até derreter totalmente.
3. Passe a mistura no mixer para obter uma textura cremosa. Cubra com o plástico filme em contato.
4. Deixe descansar por, no mínimo, 6 horas.

Ganache de chocolate ao leite

Ingredientes	Quantidade
Chocolate ao leite	400 g
Creme de leite fresco	200 g

Modo de preparo:

1. Aqueça o chocolate no micro-ondas de 30 em 30 segundos.
2. Verta o creme de leite sobre o chocolate derretido e emulsione com o auxílio do mixer até atingir uma consistência cremosa.
3. Deixe descansar por, no mínimo, 6 horas com plástico filme em contato e fora de refrigeração.
4. Aplicar o preparo com uma manga de confeitar.

Dica

Enquanto o chocolate derrete no micro-ondas, é necessário mexê-lo com uma espátula, para dissipar o calor e evitar que ele acabe queimando.

> GANACHE <

Ganache de chocolate amargo

Ingredientes	Quantidade
Chocolate amargo 70%	300 g
Creme de leite fresco	300 g

Modo de preparo:

1. Aquecer o chocolate no micro-ondas de 30 em 30 segundos.
2. Verter o creme de leite sobre o chocolate derretido e emulsionar com o auxílio do mixer até atingir uma consistência cremosa.
3. Deixar descansar por, no mínimo, 6 horas com plástico filme em contato e fora de refrigeração.
4. Aplicar o preparo com uma manga de confeitar.

Dicas

1. Outro método de preparo é aquecer o creme de leite (fresco ou em lata) em uma panela e verter o chocolate com o creme ainda quente; a temperatura alta irá auxiliar no derretimento do chocolate.
2. Faça o método de saborização por infusão: leve o creme de leite para aquecer (no fogo ou micro-ondas) com especiarias secas ou frescas e deixe infusionar; em seguida, é só coar e misturar o creme de leite aromatizado ao chocolate.

Pasta de oleaginosas

Ingredientes	Quantidade
Oleaginosas	300 g
Açúcares	60 g
Secos	20 g

As pastas de oleaginosas, castanhas ou frutos secos são feitas à base de sementes de frutos, como amêndoas, amendoim, castanhas, avelã, nozes e pistache.
O termo "oleaginosa" é uma referência à composição nutricional: todas as castanhas são ricas em gorduras "boas", antioxidantes, vitaminas, minerais e proteína.
As pastas obtidas das oleaginosas são extremamente saborosas e uma ótima opção para saborizar diversos preparos como ganaches, brigadeiros e cremes.

Modo de preparo:

1. Toste as oleaginosas.
2. Leve-as ainda mornas ao processador de alimentos e bata por cerca de 8 a 10 minutos, até obter uma pasta.
3. Retire a pasta do processador e armazene em um recipiente.

Dicas

1. Faça um mix das oleaginosas para obter sabores diferentes.
2. Na composição dos "secos", você pode adicionar cacau em pó, chocolate em pó, leite em pó ou leite de coco em pó para conseguir sabores complementares.
3. Para facilitar o processo, as oleaginosas precisam estar levemente torradas e aquecidas. O ato de torrar deixa o sabor levemente acentuado.
4. Você pode adicionar açúcar mascavo, de confeiteiro ou demerara, dependendo do teor de doçura e sabor característico desejado para a pasta. Essa adição também ajuda na durabilidade do produto.
5. É possível usar uma frigideira no fogo ou uma assadeira no forno preaquecido em 200 °C para torrar as oleaginosas. O processo leva em torno de 3 a 5 minutos; porém, para garantir a tosta perfeita (e não queimar as castanhas), você deve prestar atenção ao aroma: quando as oleaginosas estiverem "cheirando a pipoca" estarão no ponto certo da tosta.
6. Não é necessário adicionar água ao preparo. Caso você adicione água, a validade da pasta será inferior e a gordura irá se separar, sendo necessário realizar uma nova emulsão.

CREMES ASSADOS

Pudim

Pudim cremoso	
Gema	150 g
Leite condensado	395 g
Creme de leite fresco	395 g
Calda	
Açúcar refinado	400 g
Água	400 mL

Pudim espumoso	
Ovos	3 unidades
Leite condensado	395 g
Leite integral	395 g

No primeiro livro de cozinha editado no nosso país, O cozinheiro imperial, de 1840, temos o registro da primeira receita de pudim no Brasil, feito à base de natas. A receita como conhecemos hoje é uma adaptação criada ao longo do tempo. Feito a partir de um creme assado, é possível encontrar preparos de pudim com diversas adaptações: de leite, de pão, de tapioca e saborizados. A diferença entre o pudim cremoso e o aerado começa pelos ingredientes: para obter um pudim sem furos, é necessário utilizar ingredientes mais densos e espessos, como gemas e creme de leite. Já para obter um pudim com furos, é necessário utilizar ingredientes mais líquidos, ou seja, ovos inteiros e leite.

O método de preparo também interfere no resultado: quando deixamos a temperatura do forno mais alta e iniciamos o banho-maria com a água quente, a coagulação se torna mais intensa na cocção do creme e temos um pudim aerado. Caso o pudim seja assado em fogo mais baixo e o banho-maria seja iniciado com a água ainda fria, o pudim fica mais cremoso.

Modo de preparo – calda:

1. Leve o açúcar a seco (sem a água) para caramelizar em uma panela de borda alta.
2. Assim que o açúcar derreter e atingir a cor âmbar, despeje a água em temperatura ambiente na panela.
3. Deixe apurar o açúcar caramelizado e a água.
4. Assim que o açúcar estiver diluído, a calda estará pronta.
5. Despeje na forma e deixe esfriar.

Modo de preparo – massa:

1. Preaqueça o forno a 180 °C.
2. Misture os ingredientes no liquidificador, até homogeneizar.
3. Passe a massa por um chinois.[1]
4. Despeje a massa na forma com a calda fria.
5. Leve para o forno em banho-maria por aproximadamente 1 hora ou até espetar um talher e vê-lo sair limpo.
6. Espere esfriar por, no mínimo, 5 horas antes de consumir.

Dicas

1. Utilize uma panela de borda alta por questões de segurança: na hora que a água entra em contato com o açúcar, algumas bolhas de água costumam subir, então, atenção neste momento, para evitar acidentes.
2. Depois de pronta, a calda pode ser armazenada em um pote esterilizado na geladeira por 7 dias.
3. Aromatize a calda com raspas de frutas cítricas ou bebida alcoólicas. Assim, você terá sabores diferentes para usar.

Dicas

1. Saborize a massa do pudim com pastas saborizantes ou frutas reduzidas no fogo sem açúcar.
2. Segurança em primeiro lugar: entre com a água fria no banho-maria.
3. Deixe esfriar por, no mínimo, 6 horas antes de desenformar.
4. Uma opção para substituir o chinois é utilizar o tecido voil sobre uma peneira.

---

[1] **Chinois:** coador em formato de cone, de malha muito fina e feito de aço inox ou metal.

Cremoso ou aerado, o pudim é uma receita clássica dos lares brasileiros.

É possível chegar ao pudim que você prefere (com ou sem furinhos) a partir de algumas mudanças na receita.

> CREMES ASSADOS <

Crème brûlée

Ingredientes	Quantidade
Açúcar refinado	40 g
Creme de leite fresco	140 g
Fava de baunilha	½ unidade
Gemas	40 g
Leite integral	100 g

Modo de preparo:

1. Preaqueça o forno a 160 °C.
2. Em uma panela, acrescente o leite, o creme de leite, a fava de baunilha e metade do açúcar.
3. Leve a mistura ao fogo, até começar a ferver.
4. Em um bowl, misture a gema com o restante do açúcar.
5. Acrescente aos poucos, e sem parar de mexer, o líquido quente sobre as gemas com o açúcar.
6. Disponha o creme nos ramequins e cubra-os com papel alumínio.
7. Leve para assar em banho-maria a 160 °C, até o creme coagular.
8. Deixe esfriar. Assim que os cremes estiverem frios, cubra cada ramequin com açúcar refinado e queime-os com o maçarico, para obter a textura correta.

O crème brûlée, ou creme queimado, é uma iguaria clássica francesa à base de leite, creme de leite, baunilha e açúcar. Como o próprio nome diz, o creme é queimado com açúcar por cima, antes de servir. O ideal é o açúcar craquelar ao toque da colher. Para saborizar, podemos utilizar a fava de baunilha. No século XVI, os navegadores espanhóis ficaram encantados com a iguaria e descobriram que seu aroma peculiar era retirado da vagem de uma flor. Eles, então, levaram as vagens (vainillas, em espanhol) curadas e desidratadas para casa. No século XIX, uma belga descobriu como polonizar as flores da baunilha manualmente, sem depender de insetos. Dessa forma, as orquídeas foram levadas para a África pelos franceses e hoje Madagascar é um dos maiores produtores de baunilha do mundo. O creme de confeiteiro deve ser utilizado como base para cremes assados, como brûlée e custard. Os custard se dividem em dois grupos: os com estrutura firme, que normalmente são desenformados, como pudim, flan e cheesecake; e os custard flexíveis, que são servidos no recipiente da cocção, como crème brûlée e clafoutis.

Brownie

Ingredientes	Quantidade
Chocolate meio amargo	120 g
Chocolate ao leite	80 g
Manteiga sem sal	120 g
Cacau em pó	20 g
Açúcar refinado	250 g
Ovos	3 unidades
Farinha de trigo	230 g

Popular nos Estados Unidos desde a virada do século XX, sua textura fica com aparência de massa crua. Mas é o balanceamento da massa que a deixa com essa característica extremamente macia e a superfície levemente crocante.

Dicas

1. Quando você for agregar a mistura dos chocolates derretidos à base dos ovos, os chocolates não podem estar muito quentes, para não correr o risco de cozinhar os ovos.
2. Saborize a massa com extrato ou licor. Acrescente 10% de bebida em relação à quantidade de manteiga.
3. Adicione em torno de 60 g de oleaginosas, doce de leite ou frutas desidratadas na massa ao final do preparo.
4. Substitua 100% do chocolate meio amargo e ao leite por outro tipo de chocolate, como ruby, branco ou caramelo.

Modo de preparo:

1. Preaqueça o forno a 180 °C.
2. Derreta a manteiga no micro-ondas ou em banho-maria com o chocolate meio amargo e ao leite.
3. À parte, misture o açúcar refinado com os ovos. Agregue a farinha de trigo peneirada e o cacau em pó.
4. Verta os chocolates derretidos com a manteiga sobre a base dos ovos com os ingredientes secos.
5. Homogeneíze delicadamente para não aerar.
6. Disponha em uma forma de 30 cm x 21 cm forrada com papel manteiga.
7. Leve para assar por 20 minutos. Passado esse tempo, faça o teste de inserir um palito no brownie; o palito precisa sair úmido.
8. Retire do forno e deixe esfriar fora da forma para não correr o risco de continuar a cocção. Depois de frio, corte.

Você sabia?

Você pode decorar o brownie com fios de chocolate branco, confeitos, balas de goma ou frutas vermelhas.

Brownies de chocolate ao leite enfeitados com fios de chocolate branco.

CREMES FRIOS

Creme chantilly

Ingredientes	Quantidade
Creme de leite fresco gelado	300 g
Açúcar refinado	30 g
Fava de baunilha	½ unidade

Certo dia, na França, o cozinheiro Fritz Karl Vatel notou que o leite da região de Chantilly era extremamente gorduroso e cremoso. Então, ele teve a ideia de transformá-lo em um creme batido denso e adocicado: nascia, assim, o creme chantilly. Para obter esse produto, é necessário utilizar um creme de leite com pelo menos 30% a 35% de gordura. Ao bater o creme de leite fresco gelado, os glóbulos de gordura se consolidam, fazendo com que o creme incorpore o ar e obtenha uma textura densa. A estrutura e cremosidade podem variar, de acordo com a utilização desejada. O creme de leite pode ser batido puro (crème fouettée) ou adoçado e aromatizado (creme chantilly), mas é essencial que tanto o creme quanto o recipiente em que ele for batido estejam bem gelados; caso contrário, a tendência é a gordura se separar e você obter uma manteiga sem sabor.

Modo de preparo:

1. Coloque o creme de leite fresco gelado, o açúcar refinado e as sementes da fava de baunilha na batedeira.
2. Ligue a batedeira e, assim que começar a visualizar as ranhuras do globo no creme, conte até 5 segundos.
3. Desligue a batedeira e está pronto o chantilly.

Dica

Existe um mito que diz que não se pode congelar o creme de leite fresco antes de fazer o chantilly, pois ele não atingiria o ponto certo. Mas isso é apenas mito: é perfeitamente possível atingir o ponto de chantilly usando o creme de leite descongelado. A única exigência mesmo é que o creme esteja bem gelado no momento em que for batido.

> CREMES FRIOS <

Crème fouettée

Ingredientes	Quantidade
Creme de leite fresco gelado	150 g

Modo de preparo:

1. Coloque o creme de leite gelado na batedeira.
2. Ligue a batedeira e, assim que começar a visualizar as ranhuras do globo no creme, conte até 5 segundos.
3. Desligue a batedeira e está pronto o creme.

Preste atenção nas ranhuras e na consistência do creme para saber se o ponto está certo.

Extrato de baunilha

Ingredientes	Quantidade
Fava de baunilha (apenas as cascas)	2 unidades
Vodca	150 mL

A baunilha é a segunda especiaria mais cara do mundo, devido ao seu cultivo específico e à qualidade do produto. O extrato é feito à base de álcool e baunilha, e é possível fazer o processo de forma artesanal.

Modo de preparo:

1. Esterilize um pote para armazenar o extrato ou utilize a própria garrafa da bebida.
2. Adicione as favas abertas (cascas) dentro do pote escolhido ou da garrafa.
3. Armazene em local sem iluminação e utilize depois de 2 meses.

Dicas

1. Aproveite as sementes da fava para fazer algum preparo e adicione a casca dentro do recipiente para fazer o extrato.
2. Você pode também aproveitar as favas vazias para colocar no pote de açúcar e obter um açúcar vanilado; assim, seus bolos e doces ficarão com leve sabor de baunilha.
3. Você pode também usar outra bebida sem cor para fazer o extrato.

Arrematando as ideias

Para trabalhar na área da confeitaria (padarias, ateliês, praça de sobremesas em restaurantes), é necessário conhecer suas bases, sua essência. Receitas que foram criadas por algum motivo especial ou a partir de erros, mas que até hoje são estrelas, se bem executadas.

A partir do momento que você conhece as bases da confeitaria e entende a função de cada ingrediente e as técnicas aplicadas no receituário, o processo criativo para a elaboração de outras receitas se torna mais fácil. Isso ajuda na construção de uma identidade para o seu produto e gera inovações no mercado.

Conhecer o contexto histórico e seu impacto social (como criações que surgem, muitas vezes, por causa da escassez de algum insumo) também auxilia nas adaptações e no desenvolvimento de novas receitas, além de nos ensinar a priorizar e zelar pelos ingredientes locais.

Por isso, este livro traz diversas receitas e técnicas para o desenvolvimento de preparos considerados clássicos e básicos, além de dicas que podem levar você a pensar em outras criações. A partir do momento que conseguimos identificar as técnicas e as possíveis adaptações, o processo criativo de receitas começa a se aprimorar, possibilitando a criação de produtos inovadores no mercado da confeitaria.

Referências

ALVAREZ-SABATEL, Saioa; FERNÁNDEZ, Laura. "Trash cooking" or how to cook to make the most of the food. **AZTI**, 5 dez. 2020. Disponível em: https://www.azti.es/en/trash-cooking-o-como-cocinar-aprovechando-al-maximo-los-alimentos/. Acesso em: 1 ago. 2024.

ALVES, Mayk. Açúcar de confeiteiro tem granulação mais fina que o refinado. **Agro 2.0**, 11 set. 2019. Disponível em: https://agro20.com.br/acucar-confeiteiro/. Acesso em: 1 ago. 2024.

ANDRIEU, Philippe. **Doces Ladurée**. São Paulo: Editora Senac São Paulo, 2010.

ATENDIMENTO. História do bolo: saiba a origem dessa sobremesa que conquisto o mundo. **Maria Maria**: Soluções em Food Service, Curitiba, 2022. Disponível em: https://www.mariamariasolucoes.com.br/blog/historia-do-bolo-saiba-a-origem-dessa-sobremesa-que-conquistou-o-mundo.html. Acesso em: 8 abr. 2023.

CARAMELO salgado. **Cozinha Técnica**, 2019. Disponível em: https://www.cozinhatecnica.com/2019/01/caramelo-salgado. Acesso em: 8 abril 2023.

CASCUDO, Luís da Câmara. **História da alimentação no Brasil**. São Paulo: Companhia Editora Nacional, 1967. Disponível em: https://bdor.sibi.ufrj.br/bitstream/doc/370/1/323%20PDF%20-%20OCR%20-%20RED.pdf. Acesso em: 12 ago. 2024.

CASIMIRO, Giovanna Graziosi. A história da confeitaria. **Dani Noce**, [20--]. Disponível em: https://www.daninoce.com.br/gastronomia/sobre-tudo-e-sobre-o-nada/a-historia-da-confeitaria/. Acesso em: 8 abril 2023.

CHINOIS | Passador Chinoy. **Cozinha técnica**, 2018. Disponível em: https://www.cozinhatecnica.com/2018/06/chinois-passador-chinoy/. Acesso em: 1 ago. 2024.

CHINOIS. **Docepedia**, 29 jul. 2022. Disponível em: https://docepedia.com/abcdoce/chinois/. Acesso em: 1 ago. 2024.

COSTA, Raiza. **Confeitaria escalafobética**: sobremesas explicadas tim tim por tim tim. São Paulo: Editora Senac São Paulo, 2017.

COSTA, D. et al. **Manual prático de confeitaria**. São Paulo: Editora Senac São Paulo, 2018.

CURLEY, William; CURLEY, Suzue. **Pâtisserie**: arte e técnica para profissionais. São Paulo: Manole, 2015.

DELORME, Hubert; BOUE, Vincent. **Enciclopédia da gastronomia francesa**. Rio de Janeiro: Ediouro, 2010.

DIAS, Diogo Lopes. Como é feito o leite condensado. **Mundo Educação**, 7 maio 2018. Disponível em: https://mundoeducacao.uol.com.br/quimica/leite-condensado.htm. Acesso em: 8 abril 2023.

ENEIDA. Tipos de farinha de trigo no Brasil. **Bem Afiada**, 15 abril 2022. Disponível em: https://www.bemafiada.com/tipos-de-farinha-de-trigo/. Acesso em: 8 Abril. 2023.

GALVÃO, Joyce. **Ingredientes para uma confeitaria brasileira**. São Paulo: Companhia de Mesa, 2021.

HISTORY of gelatine. **Gelatine Manufacturers of Europe – GME**, 9 fev. 2024. Disponível em: https://www.gelatine.org/en/gelatine/history.html. Acesso em: 1 ago. 2024.

INTRODUÇÃO ao mundo das gorduras. **Dani Noce**, 16 jan. 2014. Disponível em: https://www.daninoce.com.br/gastronomia/segredos-e-dicas-sobre-produtos/introducao-ao-mundo-das-gorduras/. Acesso em: 8 abril 2023.

MISAEL, Gabrielle. Ponto napê: descubra o que é essa técnica culinária. **Tudo Gostoso**, 9 mar. 2018. Disponível em: https://www.tudogostoso.com.br/noticias/ponto-nape-o-que-e-essa-tecnica-a3014.htm#:~:text=O%20 ponto%20nap%C3%AA%20%C3%A9%20 o,n%C3%A3o%20queimar%20seu%20 dedo%2C%20claro. Acesso em: 1 ago. 2024.

O MÉTODO cremoso. **Cozinha técnica**, 2018. Disponível em: https://www.cozinhatecnica.com/2018/04/tecnicas-de-pastelaria-o-metodo-cremoso/. Acesso em: 8 abril 2023.

OS TIPOS de gomas e suas aplicações na indústria. **Revista Aditivos e Ingredientes**, 11 maio 2021. Disponível em: https://aditivosingredientes.com/artigos/052023-artigos-editoriais/os-tipos-de-gomas-e-suas-aplicacoes-na-industria. Acesso em: 1 ago. 2024.

RAWLS, Sandra. **Espessantes na confeitaria**: texturas e sabores. São Paulo: Editora Senac São Paulo, 2018.

SOBRE cacau 100%, chocolate em pó e achocolatado. **Dani Noce**, 30 jun. 2018. Disponível em: https://www.daninoce.com.br/gastronomia/segredos-e-dicas-sobre-produtos/sobre-cacau-100-chocolate-em-po-e-achocolatado/. Acesso em: 8 abril 2023.

UMA BREVE história da gelatina. **Rousselot**, 2 mar. 2021. Disponível em: https://www.rousselot.com/pt/rousselot-ingredientes-funcionais/midia/biblioteca/blog/uma-breve-historia-da-gelatina. Acesso em: 1 ago. 2024.